RELIURA

à rapprocher de 74
probt

Λ 100^A 74^A

# OBSERVATIONS

*SUR*

# QUELQUES MÉDAILLES

*DU CABINET*

## DE M. PELLERIN.

*Par M. l'Abbé* LE BLOND, *Membre de l'Institut et conservateur de la Bibliothéque Mazarine.*

### SECONDE ÉDITION,

Revue, corrigée et augmentée par l'Auteur;

SUIVIE DE NOUVELLES REMARQUES DE M. PELLERIN, SUR L'OUVRAGE DE M. ECKHEL.

## A PARIS,

Chez BARROIS l'aîné, Libraire, rue de Seine, n° 10, Faubourg Saint-Germain.

## M DCCC XXIII.

# OBSERVATIONS

## sur

## QUELQUES MÉDAILLES

### DU CABINET

### DE M. ALLIER

Par M. ... de Plastini,
membre de la Bibliothèque Mazarine.

SECONDE ÉDITION,

*Revue, corrigée et augmentée par l'auteur;*

A PARIS,
..., Libraire, rue de Seine, n° 15,
... Saint-Germain.

M DCCC ...

# AVERTISSEMENT.

LA première édition de ces Observations, imprimée en 1771, étoit épuisée depuis long-temps et manque dans un grand nombre d'exemplaires du Recueil des ouvrages de M. Pellerin sur les Médailles. Nous en publions aujourd'hui une seconde édition que nous croyons devoir être accueillie aussi favorablement que la première, et dans laquelle on trouvera :

1° Les corrections, additions et notes de M. l'Abbé le Blond, imprimées sur son manuscrit autographe.

L'extrait de la lettre de M. l'Abbé Ignarra, qui se trouve à la page 9, est tiré de la lettre autographe de ce sçavant à M. l'Abbé le Blond ; elle est datée *Neapoli, ix cal. januarii* 1771.

2° En appendix :

Une lettre de M. l'Abbé le Blond aux Auteurs du Journal des Sçavans, imprimée dans leur Journal, avril 1775, pag. 243 et suivantes, en réponse à MM. Dutens et Villoison.

Une réplique de M. l'Abbé le Blond aux mêmes, MM. Dutens et Villoison. Cette réplique est imprimée ici, pour la première fois, sur le manuscrit autographe de l'auteur.

3° Des nouvelles remarques de M. Pellerin sur l'ouvrage de M. Eckhel, intitulé : *Numi veteres anecdoti. Viennæ Austriæ*, 1775, 2 *part. in-4°*. C'est aussi à ce même ouvrage que renvoye M. l'Abbé le Blond.

ON TROUVE CHEZ LE MÊME LIBRAIRE:

DESCRIPTION des principales pierres gravées du cabinet du duc d'Orléans; par MM. les Abbés de la Chau et le Blond. *Paris*, 1780, 2 *vol. in-fol., fig.*

MÉMOIRE sur la déesse Vénus, auquel l'Académie Royale des Inscriptions et Belles-Lettres a adjugé le prix en 1776; par M. Larcher, avec un huitième Index par un ami de l'Auteur (M. l'Abbé le Blond). *Paris*, 1776, *in-12.*

RECUEIL de Médailles qui n'ont point encore été publiées ou qui sont peu connues; par M. Pellerin, 11 vol. in-4°, y compris les Observations de M. l'Abbé le Blond.

Tome I. Médailles de Rois, 1 vol.

II, III, IV. Médailles de Peuples et Villes, 3 vol.

V, VI. Mélanges de diverses Médailles, 2 vol.

VII. Premier et second suppléments, 1 vol.

Ces quatre parties se vendent séparément.

VIII. Troisième et quatrième suppléments, 1 vol.

IX. Lettre de l'auteur du Recueil des Médailles, etc., 1 vol.

X. Additions aux neuf volumes, 1 vol.

XI. Observations, etc., par M. l'Abbé le Blond, 1 vol.

Ce volume se vend séparément.

THESAURUS MORELLIANUS, sive Familiarum Romanarum Numismata omnia; edente Sigeb. Havercampo. *Amstelodami*, 1734, 2 *vol. in-fol.*

THESAURUS MORELLIANUS, sive Christ. Schlegelii, Sigeb. Havercampi et Ant. Fr. Gorii Commentaria in XII priorum Imperatorum Romanorum Numismata; accedit Gorii Descriptio columnæ Trajanæ, etc.: cum Præfatione Wesselingii. *Amstelodami*, 1752, 3 *vol. in-fol.*

ECKHEL (Jos.). Catalogus Musei Cæsarei Vindobonensis Numorum veterum, in duas partes distributus. *Vindobonæ*, 1777, *in-fol.*

RASCHE (Joa. Christ.). Lexicon universæ rei numariæ veterum, et præcipuè Græcorum et Romanorum; cum observationibus antiquariis, etc., etc., et passim cum explicatione monogrammatum. *Lipsiæ*, 1785—1805, 7 *tom.*, 13 *vol. in-8.*

# OBSERVATIONS

*SUR*

# QUELQUES MÉDAILLES

*DU CABINET*

# DE M. PELLERIN.

Lorsque M. Pellerin fit imprimer au commencement de l'année 1770 sa seconde Lettre * contenant plusieurs Médailles curieuses qui n'étoient pas connues, et des éclaircissements sur quelques autres qui avoient été publiées, il lui étoit déja survenu dans la vue un grand affoiblissement, qui a depuis tellement augmenté, que la lecture et l'écriture lui ont été interdites. Cette privation ne lui a cependant pas fait perdre son amour pour les Lettres, ni le desir qu'il a toujours eu de pouvoir leur être utile, en recueillant toutes les médailles qui peuvent donner de nouvelles connoissances sur la Géographie et sur l'Histoire ancienne. Les correspondants qu'il a dans les Pays étrangers, lui

---

* Cette seconde Lettre termine le neuvième Volume des Ouvrages de M. Pellerin.

A

en ayant encore procuré quelques-unes de cette espèce, il a jugé à propos de les faire graver en deux Planches pour en distribuer des épreuves aux curieux de ses amis, et engager quelqu'un de ceux qui les verroient à les publier avec des explications dont il ne peut s'occuper dans l'état où il se trouve présentement.

M. Pellerin m'avoit donné alors un libre accès dans son Cabinet, pour voir et examiner les diverses suites qui s'y trouvent en tous métaux. Quelque temps après, m'ayant fait connoître l'embarras que lui causoit la gravure de ses médailles nouvellement acquises, à laquelle le défaut de sa vue ne lui permettoit pas d'apporter ses soins, je me chargeai volontiers de veiller pour lui à ce qu'elles fussent dessinées et gravées avec la plus grande exactitude. Cette occupation qui m'obligea d'en faire un examen particulier et réfléchi, me donna en même temps occasion de rechercher en quoi pouvoit consister le mérite de chacune. J'ai rassemblé depuis toutes les remarques que mes recherches m'avoient fournies, et M. Pellerin à qui je les ai communiquées, a bien voulu non-seulement les approuver, mais aussi, sur quelques points, m'aider de ses avis, dont j'ai profité pour les mettre plus en état de paroître au jour. Je les publie donc, comme il me l'a conseillé, ne voyant pas que depuis qu'il a été répandu dans le Public des exemplaires de ces médailles gravées, personne ait entrepris de les expliquer. Ce n'est pas que je pense, ni lui non plus, que plusieurs ne soient susceptibles d'explications plus étendues et meilleures, et que mon opinion et mes observations sur quelques autres ne soient sujettes à des objections. Je n'espère point par conséquent obtenir les suffrages de tous ceux qui liront cet Ouvrage; mais je les prie de considérer que c'est mon premier essai dans un genre de Littérature, pour lequel le goût que m'ont inspiré toutes les médailles que j'ai vues, me détermine à en faire désormais un des principaux objets de mes études.

# MÉDAILLES DE ROIS.

## *PERDICCAS III, Roi de Macédoine.*

Rec. de Rois,
p. 6.

On connoissoit quelques médailles de bronze de Perdiccas III, Roi de Macédoine, qui sont estimées rares par les Antiquaires. Il y en a deux dans le cabinet du Roi. M. Pellerin en a publié deux autres. On n'en avoit point encore vu de ce Prince en argent; celle représentée, N°. 1, a été trouvée aux environs de la ville de Salonique d'où elle est venue. Il a été aisé de reconnoître qu'elle est indubitablement antique. On regarde comme fausses celles du même Roi qui ont été publiées par Goltzius, n'ayant été vues jusqu'à présent dans aucun Cabinet; elles ont même été réputées incertaines par le P. Hardouin, qui n'a pas laissé de reproduire et de commenter toutes les autres de même espèce que cet Antiquaire avoit rapportées.

Chron. Vet.
Test. p. 173.

Il seroit inutile et superflu d'agiter ici la question de savoir si la présente médaille n'appartiendroit pas à l'un des deux autres Rois portant le même nom de Perdiccas, et qui régnerent avant l'année 400 de l'ere Chrétienne. Il y a lieu de douter que dans ces temps

reculés les Rois de Macédoine, dont l'Histoire n'est pas
bien connue par ce qu'en ont dit les anciens Auteurs,
ni par ce qu'en ont recueilli les Modernes, fussent dans
l'usage de faire battre des monnoies en leur nom. D'ailleurs la médaille dont il s'agit ressemblant entiérement
à celles d'Archélaüs et d'Amyntas, tant par sa forme
et sa fabrique, que par le type du revers, cette conformité me paroît suffisante pour l'attribuer sûrement
à Perdiccas III.

   On trouve fort peu d'éclaircissements dans l'Histoire
sur le regne de ce Prince, et les Historiens ne sont
guere d'accord entr'eux à cet égard. Selon Justin, *Lib.* vii, *c.* 4.
Amyntas, Roi de Macédoine, eut trois fils : Alexandre,
Perdiccas, dont il s'agit, et Philippe pere d'Alexandre
le Grand. Leur mere Eurydice avoit voulu attenter à
la vie d'Amyntas; et elle l'auroit fait périr si sa fille
ne lui eût découvert les amours secrets d'Eurydice, et
la conspiration qui se formoit contre lui; néanmoins
Amyntas ne lui fit point subir la peine que méritoit
son crime. Cette indulgence devint funeste à ses en-
fants, en considération desquels il l'avoit épargnée. En
effet après la mort de ce Prince, Alexandre son fils
aîné qui lui succéda, ne posséda pas long-temps le
Royaume, ayant été la victime de la perfidie et de
la cruauté d'Eurydice. Perdiccas, frere d'Alexandre,
éprouva bientôt le même sort, sans que le jeune enfant qu'il laissoit en bas âge, pût exciter la pitié de

PLANCHE
I.

PLANCHE
I.

cette marâtre. Philippe troisieme fils d'Amyntas gouverna long-temps le Royaume, non en qualité de Roi, mais comme tuteur du jeune Prince, jusqu'à ce qu'enfin l'État menacé de ruine par des guerres fréquentes, et le peuple n'ayant aucun secours à attendre d'un enfant, força Philippe à prendre le titre de Roi. L'Historien n'en dit pas davantage; il ne marque pas même l'intervalle qu'il y a eu entre le regne de chacun de ces trois freres; ce qui nous laisseroit ignorer entièrement la durée du regne de Perdiccas, si l'on n'en avoit d'ailleurs quelque connoissance. Diodore qui fixe cette durée, raconte le fait bien différemment; et au lieu de trois fils, il en donne quatre au Roi Amyntas, savoir Alexandre, Ptolémée *Alorites*, Perdiccas et Philippe. Selon cet Auteur, dont le témoignage me paroît ici préférable à celui de Justin, Alexandre l'aîné des quatre ayant succédé à son pere, fut tué quelque temps après par son frere Ptolémée Alorites qui s'empara du Royaume; celui-ci avoit à peine régné trois ans que Perdiccas son frere lui tendit des embûches, et le fit mourir pour devenir aussi maître du Royaume, qu'il ne posséda que cinq ans. Ce prince perdit la vie dans un combat contre les Illyriens l'an 360 avant l'ere Chrétienne, et il eut pour successeur son frere Philippe le quatrieme des fils d'Amyntas et pere d'Alexandre le Grand.

*Diod. Bibl. Hist. Lib.* xv. p. 497. *édit. Sylb.*

*Diod. Lib.* XVI.

# PTOLÉMÉE VIII, *Roi d'Égypte.*

Lorsque M. Pellerin me remit cette médaille, N°. 2, il m'avertit qu'en la recevant, il reconnut d'abord qu'elle ressembloit à celle qui est rapportée dans la Vignette de sa seconde Lettre imprimée en 1770, et qui n'étant pas bien conservée lui avoit paru être d'Antiochus I Soter, Roi de Syrie; mais que celle-ci faisoit voir évidemment qu'elles sont l'une et l'autre d'un Roi d'Égypte, dont le nom Ptolémée y est inscrit très-nettement à la place où l'on avoit cru apercevoir des vestiges de celui d'Antiochus. M. Pellerin me dit en même temps que si l'on peut se consoler d'avoir commis des méprises de cette sorte, c'est par l'exemple des erreurs pareilles où sont tombés les plus célebres Antiquaires, qui ont tenté d'expliquer des médailles, sur lesquelles des accidents difficiles à concevoir avoient déformé une partie des lettres des Légendes.

Celle dont il s'agit présentement, est bien conservée et reconnoissable pour être d'un Roi d'Égypte, et je crois pouvoir l'attribuer sûrement à Ptolémée VIII, surnommé *Soter;* c'est ainsi qu'il est appelé par tous les anciens Écrivains qui ont parlé de ce Prince. On n'avoit cependant point encore trouvé ce surnom sur aucune des médailles que les Antiquaires lui ont bien ou mal attribuées. J'espère qu'en expliquant, comme je vais le faire, le type et les mots abrégés qui sont dans le champ de celle-ci, on reconnoîtra qu'elle lui appartient certainement.

On y lit distinctement dans le contour ΒΑΣΙΛΕΩΣ ΠΤΟΛΕΜΑΙΟΥ. Au milieu est représentée une double corne d'abondance, aux côtés de laquelle sont partagées les lettres ΣΩ, et au dessous de celles-ci deux autres, savoir ΘΕ. Les deux premières sont sans difficulté l'abrégé de ΣΩτῆρος, le mot de *Soter* étant écrit de même par abréviation sur plusieurs autres médailles. C'étoit, comme je l'ai déjà dit, le surnom qui avoit été donné à Ptolémée VIII. On l'avoit donné pareillement à Ptolémée I, fondateur de la Monarchie. Les lettres ΘΕ doivent avoir été mises pour ΘΕοῦ. Il est vrai qu'on ne voit point dans les anciens auteurs que Ptolémée VIII ait pris ce titre; mais ils n'ont point dit non plus que d'autres Rois d'Égypte s'en fussent décorés, et cependant on le trouve sur plusieurs médailles de ces Rois, et entr'autres sur une extrêmement rare de Ptolémée Philométor, qui a été publiée par Vaillant. Ptolémée VIII qui a régné après Ptolémée Philométor, peut bien avoir pris le même titre sans qu'on sache à quelle occasion, l'Histoire n'en faisant pas mention. Je ne crois pas qu'on ait vu jusqu'à présent sur aucun monument de l'antiquité les titres de *Sauveur* et de *Dieu* joints ensemble, comme ils le sont

sur

sur la présente médaille, ce qui la rend par conséquent
aussi précieuse qu'elle est singuliere.

  Quant au type qu'elle contient de deux cornes d'abondance qui sont liées l'une avec l'autre, on pourroit peut-
être penser que la corne d'Amalthée qui est le plus souvent représentée seule sur les médailles étant un symbole de fertilité et d'abondance ordinaires, les deux cornes auroient désigné une fertilité surabondante et extraordinaire; mais il y a lieu de présumer que ce type avoit
rapport à la forme du gouvernement de l'Égypte, tel
qu'il existoit sous le règne de Ptolémée VIII *. Il faut,
pour le faire voir, rapporter ce que l'Histoire en dit.

---

* M. l'abbé Ignarra, antiquaire à Naples, pense qu'il faut attribuer
cette médaille à Ptolémée I<sup>er</sup> Soter. Voici ce qu'il m'écrit à ce sujet.

« Ergò vir humanissime (liceat mihi te ab humanitate commendare,
à qua forte ut juver ac fovear, mihi præsagit animus), gratias tibi ago
ingentes de pererudito tuo in nonnulla Pellerenii numismata commen-
tario; quem attente legi, tuamque eruditionem cum acri judicio conjunc-
tam, demiratus sum. Et ut animadvertas, me non perfunctorie labores
degustasse tuos, scias velim, conjecturam, quam de vindicando numis-
mate Ptolemæo VIII proponis, pag. 9, a me non valde probari. Nam-
que literas illas ΘΕ ΣΩ interpretarer potius ΘΕΟΙΣ ΣΩΤΗΡΣΙΝ,
illis nimirum *Diis servatoribus*, quibus Sostratus Chidius molem in
pharo Alexandrino, Ptolemæo Soteré rege, dedicavit. Nota inscriptio
est e Strabonis XVII. Reinesius Cl. l. 202 Θεοὺς Σωτῆρας hujus epi-
graphes, *Dioscuros* intelligit, quos Theocritus, ἀνθρώπων σωτῆρας
salutavit. Hos ipsos in nummo tuo signari contenderim, eoque magis
quod in superna nummi area duo sidera (quorum symbolo, ut bene

B

Ptolémée VII surnommé *Evergetes* qui mourut en
l'année 115 avant J. C. avoit laissé par son testament
le Royaume à Cléopatre sa femme et à celui de ses
deux fils qu'elle choisiroit. Le choix qu'elle voulut faire
du puîné nommé Alexandre, déplut fort au peuple qui
prêt à se révolter, l'obligea de prendre pour adjoint
Ptolémée qui étoit l'aîné. Après dix ans de regne, il
survint des dissensions entre lui et sa mere, qui le
chassa d'Egypte, et fit venir à sa place Alexandre qui
étoit alors Roi de Chypre. Ce n'est point ici le lieu de
parler des guerres qui s'ensuivirent entre les deux
freres, ni du retour de Ptolémée après dix-neuf ans
d'exil. Il me suffit d'observer que l'on a des médailles

nosti, exprimi Castores solent) conspiciuntur. Accedit etiam quod in
antica numismatis area, Jupiter, nimirum Castorum pater, se dat
conspiciendum. Præterea duplicata cornua abundantiæ in eodem nummo exhibita carent, mea sententia, mysterio. Nam et in nummis
Valentiæ in magna Græcia, non raro duplex clava Herculis, duplex
cornu-copia visitur. Hanc vero duplicationem potius ipsi artifici, ma-
jorem concinnitatem e symetria parium comparare studenti, quam
arcanæ alicui significationi verterim.

Quæ cum ita sint, nummum hunc Ptolemæo I Soteri adscriberem.
Scalptor enim monetarius summo cum judicio θεοὺς Σωτῆρας, ut una
eademque fidelia, uti dici solet, duos parietes dealbaret. Hoc est, ut
religioni Castorum, queis moles Alexandrina, rege Sotere, dedicata
fuerat, et pariter ut ipsi Ptolemæo, qui Σωτὴρ dici gestiebat, aliquo
modo blandiretur. Verùm hæc obiter, atque hæc nonnisi in meæ erga
te observantiæ argumentum habe. »

de Cléopatre et de Ptolémée du temps qu'ils régnerent ensemble, lesquelles ont pour type deux aigles au revers, tandis qu'il n'y a qu'un aigle sur celles des autres Rois, et que M. Pellerin qui a rapporté de ces médailles, a jugé que les deux aigles désignent que le Royaume étoit gouverné par deux Souverains. De là il y a lieu d'inférer que c'est par la même raison qu'il a été représenté deux cornes d'abondance jointes ensemble sur notre médaille de Ptolémée VIII. Ce qui peut servir à confirmer cette conjecture, c'est que les médailles de Bérénice qui succéda au même Ptolémée son pere en l'année 78 avant J. C. n'ont toutes pour type qu'une corne d'abondance, parce qu'elle régna seule en Egypte durant l'espace de six mois, jusqu'à son mariage avec un autre Alexandre son neveu qui la fit mourir dix-neuf jours après.

PLANCHE
I.
Rec. des Rois,
p. 45.

B ij

# MÉDAILLES DE VILLES.

## *GARGARA in Æolia* vel *Mysia*.

Il n'a encore été publié aucune médaille de la ville de *Gargara* en Æolie. Le P. Khell, *Professeur en la science des Antiquités à Vienne en Autriche,* sachant que M. Pellerin en avoit une, il lui en a demandé le dessin qui lui a été envoyé, pour en faire usage dans un Ouvrage auquel il travailloit sur les anciennes médailles de Villes. Je ne crois pas que cet Ouvrage existe encore ; mais persuadé que l'Auteur ne laissera rien à désirer de tout ce qui peut être dit sur la ville de Gargara, je me contente d'en donner ici simplement la médaille sous le N°. 3, sans l'accompagner d'observations qui, sans doute, ne vaudroient pas à beaucoup près celles que nous attendons de ce savant Antiquaire.

## *CYDONIA in Creta* *.

Ce médaillon d'argent, N°. 4, est très-singulier : à la

---

* M. Eckhel *Numi veteres aneodoti,* pag. 150, parle de ce médaillon, et il en publie un autre dont il fait la comparaison avec celui que j'ai publié.

premiere vue on le prendroit pour être de la ville d'A-
thenes, ressemblant entiérement par sa forme et par ses
types aux médaillons communs de cette ville qui ont
pareillement d'un côté la tête de Minerve casquée, et
de l'autre une chouette posée sur un vase renversé;
mais en l'examinant on reconnoît qu'il est d'une fabrique différente et plus belle. La légende ΚΥΔΩΝΙΑ-
ΤΑΝ ne permet pas de douter qu'il ne soit de la ville de
Cydonia, en Crete, Plusieurs villes de cette isle étoient
dans l'usage de répartir sur leurs monnoies d'une façon
bizarre les lettres qui composoient leur nom, comme le
sont celles que l'on voit sur ce médaillon. Les Magistrats y mettoient aussi quelquefois le leur du côté de
la tête de la Divinité *, ce que ne faisoient point les
Magistrats d'Athenes. On lit celui de ΠΑΣΙΩΝ sur un
autre médaillon de Cydonia publié par M. Pellerin.
Mais il reste à savoir à quelle occasion et en quel temps
les Cydoniates ont fait battre des monnoies tout à fait
semblables à celles de la République d'Athenes.

* Peut-être que celui d'ΑΙΘΩΝ n'est du côté de la tête sur le
médaillon de Cydonia, que parce qu'il n'y avait point de place au revers.
Si le mot ΑΙΘΩΝ était une épithète de Minerve, comme le prétend
M. Dutens, et que les habitans de Cydonia eussent eu le dessein en
effet de le présenter comme tel, il est bien plus naturel de croire qu'ils
auroient employé celui de *Cydonia*, qui avoit été donné à Minerve,
comme à leur divinité tutélaire. *Voy.* les lettres jointes en appendix
à la fin de ce volume.

PLANCHE
I.

Rec. de Peu-
ples et de Vill.
tom. III. Pl.
xcviii , xcix
et c.

PLANCHE
I.

Sans remonter aux temps fabuleux des guerres de Thésée et des Athéniens avec les Crétois, et sans parler du commerce qui avoit pu former des relations entre les deux peuples, il est certain que l'isle de Crète qui a reçu différents noms, a été peuplée aussi par des habitants de différents pays et par des Athéniens. Scylax nous apprend que des colonies de Lacédémoniens, d'Argiens et d'Athéniens s'y établirent; et Dicéarque assure la même chose, sans ajouter en quel temps, ni dans quelle contrée de l'isle la colonie d'Athéniens fixa sa demeure. Ce témoignage néanmoins éclaircit beaucoup le fait dont il est question, et fait assez comprendre comment le culte de Minerve a été porté en Crete. Cette Déesse étoit si particulierement honorée dans plusieurs cantons de l'isle, qu'elle a reçu le nom de quelques-uns, comme on le voit dans Etienne qui, en parlant d'un lieu nommé *Corium*, cité le surnom de *Coresia* lequel en étoit formé, et qui fut donné à Minerve. Elle fut aussi surnommée *Oleria* de la ville d'Olérus selon le même Auteur. Sur des médailles de Tégée en Crete, on voit la tête de Minerve, et pour type une chouette au revers: la Déesse est également représentée sur quelques-unes de la ville d'Allaria, ce qui prouve qu'elle étoit honorée dans l'une et l'autre villes. Il falloit que le culte de cette Déesse fût établi dans l'isle de Crete d'une manière bien spéciale, puisque les habitants de Cnosse assuroient qu'elle avoit pris

*Scylax in Peripl.*
*Dicæarch. de Vit. Græc.*

*Stephan. de Urbib.*

*Ibid.*

Rec. de Peuples et de Vill. tom. III. p. 73. Pl. c.

naissance chez eux, contestant en cela aux Athéniens
le droit que ceux-ci prétendoient au même honneur : *Cnossii Minervam Deam civem numerant.........audacter cum Atticis contendentes.* Or la ville de Cnosse ayant eu sous sa domination conjointement avec celle de Gortyne presque toute l'isle entiere, il n'est pas étonnant que Minerve qui étoit la Divinité tutélaire de la premiere de ces deux villes, ait acquis une grande considération dans le reste du pays. Mais s'il étoit permis de former une conjecture sur le principe de ce culte dans l'isle de Crete, il seroit plus naturel de croire qu'il a pris naissance à Cydonia même. Cette ville une des plus anciennes de l'isle prétendoit avoir été fondée par Cydon, fils de Mercure et d'Acacallis *; selon Pausanias, qui dit que les Tégéates soutenoient de leur côté que c'étoit Cydon fils de Tégéates, qui lui avoit donné son nom; elle est connue aujourd'hui sous le nom de *la Canée.* On y fait presque tout le commerce de l'isle, et il est à croire qu'elle étoit aussi autrefois une des plus commerçantes, surtout avec la Grece, à cause de sa position. Il est même très-vraisemblable que la colonie d'Athéniens qui vint s'établir anciennement en Crete, aborda sur la côte où Cydonia étoit située, cette

* Cependant il paroît, par Diodore de Sicile (lib. 5, pag. 344, *édit. Rhodoman.*), que Minos en étoit le fondateur, ainsi que de Cnosse et de Phæstus.

PLANCHE
I.

côte étant la première que pouvoient découvrir les vaisseaux venant de l'Attique. La célébrité dont elle jouissoit alors, étoit peut-être encore une raison de plus pour attirer ces colons dans son voisinage.

D'ailleurs ce médaillon, N°. 4, qui a le même type que les médailles d'Athenes, prouve assez la liaison de ces deux peuples, et la conformité de leurs coutumes et de leur Religion. Minerve Divinité d'Athenes devint aussi celle de Cydonia; elle reçut même le nom de cette ville, selon Pausanias. Dès que l'on a passé l'Al-

*Paus. Eliac.*
*II. edit. Khun.*
*p.* 507.

phée, dit cet Auteur, on se trouve sur les terres des Piséens. La première chose que l'on apperçoit, est une haute montagne où l'on voit les ruines de la ville de Phrixa, et d'un temple de Minerve surnommée *Cydonia*, dont il ne reste plus qu'un autel. On dit que ce temple avoit été bâti par Clymenus l'un des descendants d'Hercule Idéen, qui étoit venu de Cydonia ville de Crète située sur les rives du Jardan. Les Eléens disent aussi que Pélops fit un sacrifice à Minerve surnommée

*Ibid.*

*Cydonia*, avant de combattre contre Œnomaüs.

On ne doit donc plus être surpris de voir sur quelques médailles de bronze de Cydonia une chouette pour type; ce qui a néanmoins paru étrange à quel-

*Plin. Hist.*
*nat. lib.* x, c.
xxIx *edit.*
*Hard. p.* 559.

ques Antiquaires, parce que Pline assure qu'il n'y a point de chouette dans l'isle de Crete, et que quand on y en porte, elles y meurent. Les Cydoniates ne faisoient point figurer cet oiseau sur leurs monnoies, comme ayant quelque rapport avec leur pays; mais parce qu'il étoit le symbole de Minerve, à laquelle il étoit consacré, et qu'ils rendoient à cette Déesse un culte singulier comme à leur Divinité tutélaire.

La médaille, N°. 5, et les deux suivantes sont aussi de la ville de Cydonia; je ne trouve point qu'il en ait encore été publié de semblables. On en a bien plusieurs où est représenté un homme nud qui tend un arc, et l'on a jugé que ce type a été employé par les Cydoniates sur leurs monnoies, pour marquer qu'ils étoient du nombre des Crétois qui excelloient dans l'art de tirer de l'arc *. Sur la présente médaille il y a de plus devant l'archer un chien avec une espece de torche allumée qui a un chapiteau **. Je ne vois pas à quoi ce chien et cette torche peuvent avoir rapport, si ce n'est à quelqu'usage particulier que les Cydoniates pratiquoient en mémoire de l'événement qui avoit fait mettre chez eux la Nymphe Britomartis au nombre des Divinités. On prétendoit que le Roi Minos devenu

PLANCHE
I.

* Scis, quo more Cydon, quâ dirigat arte sagittas
 Armenius; refugo quæ sit fiducia Partho.
  CLAUDIAN. Paneg. de IV cons. Honorii, v. 530, 531.

** On donne le nom de *chapiteau* à des cartons taillés en forme de cône renversé dont on entoure les flambeaux à leur milieu pour recevoir et retenir la cire fondue qui en découle, et les parties brûlées de la mèche qui y tombent. Les chapiteaux que les Anciens mettoient à leurs torches, étoient vraisemblablement d'autre matiere que les nôtres. *Voy.* M. ECKHEL, *Numi veteres anecdoti*, pag. 148.

C

PLANCHE
I.

*Callimach.
Hymn. in Dian.
v.* 190.

amoureux de cette Nymphe, l'avoit poursuivie sur le mont Dictynné; et que, pour lui échapper, s'étant jettée du haut de cette montagne dans la mer, elle y tomba dans des filets de pêcheurs qui la sauverent; que cet accident miraculeux la fit regarder comme une Divinité qu'on appella *Dictynna* du mont Dictynné, et qu'on lui érigea des autels sur lesquels on lui offroit des sacrifices. D'après cet exposé, ne peut-on pas présumer que les peuples ajouterent au culte qu'ils lui rendoient une chasse publique et annuelle sur cette montagne. Conséquemment l'homme tendant un arc, avec un chien à ses pieds, seroit représenté sur notre médaille comme se disposant à la chasse, le chien y étant en effet précisément dans l'attitude où l'on voit pour l'ordinaire les chiens de chasse qui regardent leurs maîtres avec des signes de joie, lorsqu'ils préparent leurs armes pour des parties de chasse. Quand à la torche allumée, je ne sçais si l'on pourroit l'attribuer à quelqu'acte de Religion dans ces préparatifs, ou si elle servoit à éclairer le chasseur qui les faisoit avant le jour pour pouvoir arriver de bonne heure au lieu où la chasse devoit commencer. Je ne serai pas surpris que cette explication paroisse n'être pas bien fondée; mais je ne la donne que comme une simple conjecture, n'ayant rien trouvé d'ailleurs à quoi ce type singulier puisse avoir rapport.

La tête de Bacchus qui est représentée sur la mé-

PLANCHE
I.

daille, se trouve de même sur plusieurs autres de la
ville de Cydonia, qui a fait aussi représenter sur quelques autres une grappe de raisin. On sait que Bacchus étoit la Divinité particuliere de tous les lieux dont
le territoire produisoit du vin. Celui de l'isle de Crete
étoit renommé chez les Anciens; et encore aujour-
d'hui, la malvoisie de Candie surtout, est fort estimée.

La médaille, N°. 6, est toute semblable à la précé-
dente, excepté qu'au lieu de la torche allumée avec
son chapiteau, il n'y a dans celle-ci qu'un simple flambeau aussi allumé, mais sans chapiteau. On y voit
d'ailleurs sur le côté droit la lettre K tournée de gauche à droite, laquelle étoit, selon les apparences, l'initiale d'un nom de Magistrat.

Je donne la médaille, N°. 7, comme étant de Cydonia, parce qu'elle est venue de cette ville avec les précédentes, et plusieurs autres qui ont été déja publiées,
parmi lesquelles il s'en trouve de petites qui ont pour
type un seul croissant; les unes avec les lettres KY
seulement, et les autres avec KYΔΩN. Les trois croissants qui sont représentés sur celle-ci, pourroient bien
désigner la Divinité que les Cydoniates révéroient sous
trois noms différents, savoir Diane, Britomartis et Dictynna. Au reste cette médaille qui n'a ni légende, ni
lettre, fait voir qu'on peut souvent reconnoître de
quelles villes sont celles qui n'ont point de légendes,
quand on sait où elles ont été trouvées.

C ij

# MÉDAILLES IMPÉRIALES.

## DIOCÆSAREA in Galilœa.

Les médailles d'Antonin et de Caracalla, N.ºˢ 8 et 9, ont été mises à côté l'une de l'autre pour que l'on pût mieux les comparer, et parce qu'elles sont de la même ville, savoir de Diocésarée de Galilée qui portoit auparavant le nom de *Sepphoris*. Il n'en avoit point encore été publié de cette ville avec le nom de *Diocésarée*, mais avec celui de *Sepphoris* ΣΕΠΦΩΡΗΝΩΝ ; elles sont toutes de l'Empereur Trajan, et ont après son nom le mot ΕΔΩΚΕΝ. M. Pellerin qui a fait cette observation non apperçue ou négligée par Vaillant et par les autres Antiquaires qui ont rapporté de pareilles médailles, a jugé que ce mot ΕΔΩΚΕΝ désigne des priviléges ou d'autres bienfaits que les Sepphoréniens avoient reçus de Trajan, à qui ils en témoignoient leur reconnoissance en faisant frapper ces médailles. J'ai cru devoir faire mention préalablement de cette particularité, parce qu'elle doit servir à l'explication des deux médailles en question. Je parlerai d'abord de celle d'Antonin et ensuite de celle de Caracalla.

Rec. de Peuples et de Vill. p. 238.
Mél. tom. ii. p. 48 et 60.

Je ne trouve point que dans les anciens Auteurs ni
dans les modernes il soit dit en quel temps ni à quelle
occasion le nom de la ville de Sepphoris avoit été
changé en celui de *Diocésarée*, et l'Histoire ne fait
mention non plus d'aucun événement qui donne à
connoître manifestement l'origine et la cause de ce
changement. Il me paroît qu'il doit être attribué aux
bienfaits de Trajan, qui vraisemblablement rétablit
cette ville dans son premier état de prééminence et
de splendeur d'où elle étoit déchue sous les regnes de
Vespasien et de Domitien. Suivant l'Historien Josephe,
qui parle souvent de Sepphoris, c'étoit une ville fort
grande, très-peuplée, bien fortifiée et regardée comme
la capitale de la Galilée. Mais après s'être soumise à
l'Empire Romain, ainsi que les autres villes, qui, depuis
la prise de Jérusalem, étoient restées occupées par les
Juifs, elle tomba sans doute en décadence. Dans ces
circonstances, l'humanité et la politique de Trajan le
portèrent à traiter les unes et les autres avec douceur,
et à s'attirer leur affection par des libéralités. Les médailles que toutes les villes de Syrie firent frapper en
son honneur, nous font voir qu'elles profiterent de
toutes les occasions qui se présentoient pour lui marquer leur reconnoissance et leur attachement. Parmi
celles que Vaillant a rapportées, il y en a entr'autres
d'Aradus (ᵃ) et de Gadara (ᵇ), qui, par les dates qu'elles
contiennent, font connoître la part que ces deux villes

PLANCHE
I.

(ᵃ) *Epoch. p.*
256.
(ᵇ) *Epoch. p.*
265.

avoient prise à la conquête de la partie de l'Arabie
située au-delà du Jourdain, laquelle fut réduite sous
son obéissance en l'année 105 de l'ère Chrétienne, qui
étoit la huitieme du regne de Trajan. Mais ce n'est
point en mémoire et à l'occasion de cet événement
qu'ont été frappées les médailles de cet Empereur qui
ont la simple légende ΣΕΠΦΩΡΗΝΩΝ. Le mot ΕΔΩΚΕΝ
qui y est écrit après son nom, marque expressément
le motif de leur fabrication. Si cette ville ne prit pas
dès-lors le nom de *Diocésarée*, c'est apparemment
parce qu'elle n'en avoit pas encore obtenu la permission de Trajan, à qui elle prétendoit faire sa cour, en
s'appelant de ce nouveau nom qui sembloit l'attacher
indissolublement à l'Empire des Césars. Peut-être n'ob-
tint-elle cette permission que sous le regne d'Antonin;
elle put attendre l'entier rétablissement de ses pertes et
qu'elle fût devenue aussi puissante qu'elle l'avoit été par
le passé, pour demander à jouir en même temps, comme
plusieurs autres villes de Syrie, des droits et privileges
d'ΙΕΡΑC, ΑCΥΛΟΥ, ΑΥΤΟΝΟΜΟΥ, dont on voit qu'elle
se décore sur la médaille d'Antonin et sur celle de
Caracalla. Ces droits et privileges n'ont été accordés
qu'à très-peu de villes d'autres pays. Celles de Syrie
qui, par leurs médailles, paroissent en avoir joui, sont
*Antiochia ad Hippum, Apamæa, Cæsarea ad Panium,
Capitolias, Dora, Gadara, Seleucia ad mare* et *Scytho-
polis*. Vaillant, qui a rapporté des médailles où il est

fait mention des titres et des privileges dont il s'agit,
n'en connoissoit point des villes de Gadara et de Scy-
thopolis, non plus que de Diocésarée de Galilée. Il y
en a aussi dans le Cabinet de M. Pellerin de Diocésarée
de Phrygie et de Diocésarée de Cilicie. Ce sont pareillement les seules qu'on ait vues jusqu'à présent de ces
trois villes du nom de *Diocésarée.*

La seconde médaille de Diocésarée qui a été frappée
en l'honneur de Caracalla, contient une légende, ou
plutôt une inscription de quatre lignes, qui, avec les
lettres ΔP placées au-dessous, remplissent tout le champ
du revers au milieu d'une couronne de laurier. Dans
les deux premieres lignes on distingue aisément quatre
mots abrégés qui se trouvent pareillement sur la médaille d'Antonin, et qui en composent toute la légende
autour d'un temple, savoir ΔIOK. IEP. AΓΥΛ. ΑΥΤ. Ces
quatre mots écrits par abréviation, et qui doivent être
lus ΔIOKαισαρείας IEPᾶς AΓΥΛου AΥΤονόμου, sont suivis
des caracteres ΠΦΕΙΕPΒCKΑ. J'ai tâché vainement de
découvrir la signification de ces caracteres, dont le
premier qui a l'apparence d'un *Pi,* pourroit bien être
un *Gamma* et un *Iota,* auquel la branche horizontale
du *Gamma* seroit adhérente. Tous les autres caracteres sont très-bien formés, et ne laissent aucun doute
sur leur valeur. De quelque maniere que je les aye
combinés, il ne m'a pas été possible d'en faire un sens.
Ce n'est pas à dire que d'autres plus versés que je ne

le suis dans la science des médailles et des Inscriptions,
ne puissent entendre et interpréter la partie de la légende en question, qui est pour moi une énigme inin-
telligible ; et je ne doute point que parmi les gens de
Lettres, il n'y en ait qui soient en état d'en donner
l'explication, s'ils veulent bien y employer leur saga-
cité et les lumieres que leur ont acquises l'étude et
l'intelligence des monuments de l'antiquité. C'est pour
eux principalement que je publie cette médaille singuliere, et j'espere même qu'ils m'en sauront quelque
gré. Pour ne pas supprimer toutes les idées qui me
sont venues sur la seconde partie de la légende qui
reste à expliquer, j'ajouterai ce qui suit. J'ai pensé
qu'après le nom et les titres de la ville marqués par
des mots abrégés et composés les uns de trois, et les
autres de quatre lettres, les lettres qui suivent au
nombre de onze, pouvoient marquer pareillement le
nom et la qualité du Magistrat qui a fait frapper la
médaille. Conséquemment en séparant de la même
maniere ces onze lettres ΠΦΕΙΕΡΒCΚΑ, les quatre premieres ΠΦΕ seroient le commencement d'un nom de
Magistrat ; les trois suivantes ΙΕΡ ne pouvant avoir la
même signification que les mêmes lettres qui sont pré-
cédemment après le nom de la ville, auroient celle de
ΙΕΡ ou *Sacerdos* ; le *Beta* qui suit étant pris pour lettre
numérique, signifieroit *secundo* ou *secunda vice*. Quant
aux lettres ΒΚΑ qui restent, ne trouvant rien qui m'en

donne

donne la signification, je suppose que ce mot doit avoir à peu près celle qu'ont sur d'autres médailles les mots ANΘHκε et ΕΧΑΡΑξε. Sur celles de la ville de Tripolis dans le Pont où ce dernier mot se trouve, on lit ΘΕΟΔΩΡΟC B. ΕΧΑΡΑ, de même qu'il y a ΙΕΡ B CKA, sur celle dont il s'agit. Suivant ces observations, il y seroit marqué qu'elle a été frappée sous la régence d'un Magistrat qui étoit Prêtre, et qui avoit été promu soit au Sacerdoce, soit plutôt à la Magistrature pour la seconde fois. Au reste ne sachant point ce que les trois lettres CKA peuvent signifier, je ne donne cette interprétation que comme une conjecture d'autant plus incertaine, que je ne trouve que très-peu d'exemples de noms de Magistrats inscrits sur des médailles de villes de Syrie. On n'y voit jamais celui de Prêtre, mais seulement celui de Pontife ou Grand-Prêtre sur une en Langue Grecque de Zénodore Tétrarque, et sur quelques autres d'Antigone, Roi de Judée, en caracteres Samaritains *.

Si faute de connoissances de ma part j'ai tenté sans

PLANCHE
I.

M. Pell. Peup.
et Vill. t. III.
p. 206.

---

* Je crois que ces lettres signifient que la ville de Diocésarée portoit originairement un nom qui commençoit par les lettres ΦΕ.... et le titre de ΙΕΡΑ, et qu'en second lieu elle avoit été appellée simplement Sepphoris. Π seroit pour πρῶτον primò, ΦΕ seroient les premieres lettres du nom ancien de la ville qui est ignoré. ΙΕΡ *sacra* titre dont elle jouissoit. B Lettre numérique Δευτέρως secundò. C Initiale du nom de *Sepphoris* Σεπφωρις. ΚΑ pour Καλουμένη *vocata, nominata. Voy.* M. Pellerin, Additions, page 33.

succès d'interpréter les caracteres qui terminent la légende de cette médaille, j'ose hazarder de produire mes conjectures et les réflexions que j'ai faites sur les lettres ΔP. qui sont placées séparément au-dessous. Je crois qu'elles y forment une date de l'année 104 qui procédoit d'une ere que la ville de Sepphoris appellée ensuite Diocésarée, s'étoit donnée pour compter ses années; et que cette ere, qui étoit la même que celle qui fut suivie par les villes de l'Arabie-Pétrée quand cette contrée fut devenue Province Romaine, avoit commencé sous Trajan, l'année 8ᵉ. de son regne, la 105ᵉ. de J. C.

La date de l'année 104 sur la médaille de Caracalla tomboit en l'année 209, dans laquelle il régnoit conjointement avec Septime-Severe son pere, dont on connoît une médaille frappée à Bostra en Arabie, qui est aussi datée de l'année 104, et qui a été publiée par M. Pellerin (ᵃ), par M. l'abbé Belley (ᵇ) et par Beger (ᶜ). Il n'est pas extraordinaire que des villes différentes ayent fait frapper en même temps des médailles pour le pere et pour le fils; mais parce que Diocésarée et Bostra avoient une ere de la même année, il ne faut pas en inférer qu'elle ait été instituée dans chacune en même temps, ni pour la même cause. Les villes soumises à l'Empire Romain par la force des armes ne compterent pas d'abord leurs années du temps qu'elles avoient été conquises. Elles suivirent

(ᵃ) Rec. de Peup. et de Vill. t. ɪɪɪ. pag. 245, et Mél. t. ɪɪ, p. 117.
(ᵇ) Mém. Ac. t. xxx. p. 307.
(ᶜ) Thes. Brand. p. 119.

apparemment en cela leurs anciens usages, jusqu'à ce
qu'elles se fussent accoutumées au nouveau gouvernement, et qu'elles y eussent trouvé leur bien-être. Alors
chacune se forma une ere de l'année où elle avoit
passé sous la domination des Romains. C'est par cette
raison que l'on ne trouve point de médailles de ces
villes qui soient datées des premieres années, des eres
qui ont cette origine. Personne n'ignore que la plupart
des autres villes avoient des eres différentes qui com-
mençoient, soit de l'année de leur fondation, soit du
temps où il leur étoit arrivé des événements signalés
et intéressants, comme d'avoir été rétablies, agrandies,
embellies et faites Métropoles, ou d'avoir obtenu d'autres graces singulieres de la part des Rois ou des Empereurs. L'ere de Diocésarée ou Sepphoris étoit de cette
derniere espece, et elle fut prise vraisemblablement par
cette ville en reconnoissance des dons que Trajan lui
avoit faits dans la huitieme année de son regne, et non
pas en considération de ce qu'elle étoit tombée cette
année-là en la puissance des Romains. Il y avoit en effet
déjà près de quarante ans qu'elle s'étoit livrée volon-
tairement à Vespasien, lorsqu'il commandoit en Syrie
avant que d'avoir été proclamé Empereur.

Quoique l'ere de la ville de Bostra soit de la même
année que celle de Sepphoris (Diocésarée), elle a une
origine différente, puisqu'elle avoit été prise de l'année
en laquelle l'Arabie-Pétrée fut conquise par les Romains,

D ij

PLANCHE
1.

comme il est marqué dans la Chronique d'Alexandrie,
qui porte que les habitants de Pétra et de Bostra faisoient commencer leur ere de l'année où cet événement
étoit arrivé. Il ne s'ensuit pas delà cependant qu'ils ayent
établi cette ere aussi-tôt après; et il n'est guere probable
que des peuples qui venoient d'être subjugués, ayent
songé d'abord à compter leurs années d'un pareil événement qui devoit avoir causé parmi eux une affliction
et une consternation générale. Mais la douceur avec laquelle Trajan les avoit fait ensuite gouverner, lui fit
gagner bientôt leur affection, et les médailles nous font
voir qu'il avoit accordé particuliérement à la ville de
Bostra des graces qui engagerent cette ville à joindre
à son nom de Bostra celui de *Nouvelle Trajane.* Outre la
médaille de Septime Sévere dont il a été parlé, M. Pellerin en a publié plusieurs d'Antonin et de Faustine sa
femme, sur lesquelles Bostra se qualifie pareillement du
nom ou titre de *Nouvelle Trajane.* Ce ne peut être que
du vivant de Trajan, qu'elle avoit pris cette dénomination en son honneur, et ce fut aussi avant la fin de
son regne qui dura près de vingt ans, qu'elle se forma,
ainsi que les autres villes d'Arabie, l'ere de l'année 105
de J. C. en laquelle cet Empereur n'en avoit régné encore que huit. De ces observations, et de ce que la ville
de Diocésarée en Galilée a daté de la même ere la médaille de Caracalla, je conclus que c'est improprement
que cette ere est appellée par les Écrivains modernes

*l'ere d'Arabie.* Il me paroît qu'elle doit être appellée avec plus de fondement *l'ere de Trajan,* de même qu'ont été appellées *eres de Pompée, de Jules César et d'Auguste.,* celles dont se sont servies les villes qui avoient obtenu d'eux la liberté, l'autonomie ou d'autres graces.

On ne trouve point dans les Historiens qu'il se soit rien passé de bien remarquable par rapport à la ville de Sepphoris depuis qu'elle fut soumise aux Romains, et qu'elle eut pris le nom de *Diocésarée.* Elle étoit encore fort connuë au quatrieme siecle sous ce dernier nom, comme on le voit dans S. Jerôme, qui la cite plusieurs fois, et particuliérement dans sa Préface sur Jonas. Mais les Juifs qui l'habitoient s'étant révoltés et ayant pris les armes, ils massacrèrent la garnison pendant la nuit, se donnerent pour Roi un nommé *Patrice,* firent des excursions dans les contrées voisines, et égorgerent un grand nombre de Samaritains et d'autres habitants du pays. Cette révolte arriva sous le regne de Constance l'an 353. Gallus qui étoit pour lors à Antioche, envoya des troupes pour réduire ces furieux. Ils furent passés au fil de l'épée, et leur ville brûlée et détruite de fond en comble. Elle fut sans doute rebâtie quelque temps après; car Théodoret rapporte une lettre de Pierre d'Alexandrie, successeur de S. Athanase, dans laquelle parmi les plaintes qu'il forme contre l'Arien Lucius, usurpateur du siege d'Alexandrie, il lui reproche d'avoir relégué onze

PLANCHE
I.

*De locis Heb.*

*Proœm. in Jo-*
*nam.*
*Socrat. Hist.*
*Eccl. lib.* II. *c.*
33.
*Sozomen. lib.*
IV. *c.* 7.
*Theophan. p.*
33.

*Theodor. Eccl.*
*Hist. lib.* IV. *c.*
32.

PLANCHE
I.

*Aubert. Mir.
Notit. Episc.*
Le Quien,
*Or. Christ. t.* II.
*p.* 713-714.

Édit. du Lou-
vre, p. 223.

*Vita S. Ludo-
vici, Act. SS.
Aug. tom.* v. *p.*
550.

*Willelm. Tyr-
lib.* XXII. *c.* 15.
*et al.*

Voyage de
Phénicie, c. 8.

Évêques d'Égypte à Diocésarée ville habitée par les
Juifs : *Diocæsaream relegatos fuisse urbem quæ à Ju-
dæis...... colitur.*

 Dans la suite Diocésarée devint une ville Épiscopale
dans le district du Patriarche de Jérusalem. On connoît
deux de ses Évêques, Marcellin et Cyriaque qui ont pris
l'un et l'autre le titre d'*Évêque de Diocésarée*, à la fin de
deux lettres synodales conservées dans le recueil des
Conciles. Il paroît que l'ancien nom de Sepphoris fut
rendu à cette ville vers le temps des Croisades. Guillaume
de Nangis nous apprend que S. Louis dans un voyage
qu'il fit de la ville d'Acre à Nazareth passa par Céphore ;
et selon Geoffroy de Beaulieu, le Roi coucha dans cette
ville, à laquelle il donne le nom de *Sophera* qui n'est
autre chose que celui de *Sepphoris* un peu déguisé. La
grande fontaine qui en étoit voisine, s'appelloit aussi
la fontaine de Sepphoris, *Fons Sepphoritanus.* C'est-là,
selon Guillaume de Tyr, que les Chrétiens profitant
de la commodité des eaux et de la situation du lieu,
firent souvent assembler leurs armées contre les Infi-
dèles. La dernière époque de sa destruction doit se
rapporter vraisemblablement à ces temps malheureux ;
mais quelles que soient les révolutions qui ont occa-
sionné sa ruine, il est certain que ce n'est plus aujour-
d'hui qu'un petit village qui s'appelle *Sephoury,* et qui
est composé d'une vingtaine de cabanes. Coppin assure
que l'on n'y voit presque plus que des ruines, parmi les-

quelles on remarque deux colonnes cannelées de l'ordre
Corinthien. On prétend, dit M. de Tillemont, que c'est
la même ville qui étoit célebre du temps des Croisades
sous le nom de *Sephet.* Il faut bien se garder cependant
de confondre ainsi deux villes très-différentes. Sepphoris étoit dans la Galilée inférieure, au lieu que Sephet
étoit une ville de la Galilée supérieure.

PLANCHE<br>I.<br>Hist. des Em-<br>pereurs, t. I.<br>p. 5o7.

## *CIDRA in Phrygia vel Lydia.*

JE ne crois pas qu'on ait vu jusqu'à présent aucune
médaille de la ville de Cidra, qui a fait frapper en l'honneur de Marc - Aurele celle qui est présentée sous le
N°. 10. Il paroit par un passage d'Hérodote, que cette
ville étoit située sur les confins de la Phrygie et de la
Lydie, mais l'Historien n'a point déterminé sa position;
et je crois qu'il est le seul qui en parle. En effet Étienne
de Byzance qui en fait un article, ne la cite que d'après
Hérodote, et il la nomme Cydrara : ΚΥΔΡΑΡΑ, πόλις.
Ἡροδότος ἑβδόμη, τὸ ἐθνικὸν Κυδραραῖος. Holstenius remarque
que les manuscrits portent Κύδρα, et que c'est ainsi
qu'il faut lire suivant Hérodote, dont il rapporte le
texte : Ἐκ δὲ Κολοσσέων ὁρμεώμενος ὁ στρατὸς ἐπὶ τοὺς ὅρους τῶν
Φρυγῶν καὶ τῶν Λυδῶν, ἀπίκετο ες Κύδρα πόλιν; où l'on voit
que le nom de la ville est écrit autrement qu'il ne l'est
sur cette médaille, qui en donne la véritable orthographe, et peut servir à le réformer dans ces Auteurs.

Lib. VII. c. 3o.<br><br>De Urbib.<br><br>Not. et Castig.<br>in Stephan.

### *ATTALEA in Pamphylia.*

ON a quelques médailles Autonomes et beaucoup
d'Impériales qui ont pour légende ATTAΛEΩN. Les
Antiquaires trouvant deux villes du nom d'Attalie situées l'une en Lydie, et l'autre en Pamphylie, se sont
occupés à distinguer celles de ces médailles qui doivent
être attribuées à chacune de ces deux villes. Il paroît que
Vaillant n'étoit pas d'accord sur cela avec lui-même,
les ayant toutes rapportées à l'Attalie de Pamphylie,
après en avoir donné particuliérement deux de Septime-
Sévere pour être de l'Attalie de Lydie. Le Pere Hardouin
qui de son côté avoit dit d'abord qu'elles étoient de cette
derniere ville, s'est rétracté ensuite, et les a toutes attribuées à l'Attalie de Pamphylie. M. Pellerin qui a des
médailles sur lesquelles avec la légende ATTAΛEΩN se
trouvent des noms de Magistrats, a jugé que celles de
cette espece appartiennent à l'Attalie de Lydie, Province
dont la plupart des villes marquoient sur leurs monnoies le nom de leurs Magistrats, au lieu qu'on n'en
trouve point sur les médailles des villes de Pamphylie;
et il a ajouté qu'on ne peut guere distinguer de laquelle
des deux villes d'Attalie sont les autres, si ce n'est par
leur fabrique et par les types qu'elles contiennent. Conséquemment il en a attribué à l'Attalie de Lydie deux,
où sont représentées la figure de Bacchus et une grappe

de

*Num. Græc.*
*pop. p.* 193.

*Ibid. p.* 81.

Mélang. t. 1.
p. 95.

Rec. de Méd.
de Peup. et de
Vill. tom. II.
p. 99.

de raisin, et une autre à l'Attalie de Pamphylie, sur laquelle on voit une tête de Neptune avec un trident.

Celle de l'Empereur Commode, N°. 11, est venue de
Caramanie, et elle a pour type au revers la figure de
Minerve avec la légende ΑΤΤΑΛΕΑΤΩΝ. Cette médaille
singuliere m'a donné occasion de faire les observations
suivantes.

Il n'est pas douteux qu'elle ne soit de l'Attalie de
Pamphylie, puisqu'elle a été trouvée en Caramanie,
pays dans lequel est comprise la contrée qui étoit appellée anciennement *Pamphylie*, et où l'on prétend que
cette ville existe encore actuellement sous le nom de
*Satalie*. Quelques-uns cependant veulent que celle-ci,
qui est à présent une ville très-grande et très-forte,
ait été bâtie à quelque distance du lieu où étoit anciennement Attalie, et où l'on trouve des médailles, et non
à Satalie.

Le type de Minerve qui est au revers de celle-ci, est
encore une marque qui doit la faire adjuger à l'Attalie
de Pamphylie. Cette ville avoit été fondée par Attale,
Roi de Pergame; et sur toutes les médailles d'argent
que l'on a des Rois de cette Dynastie, Minerve est représentée au revers. C'étoit leur Divinité principale et
tutélaire. Il est donc tout naturel qu'Attale en ait in-
troduit le culte dans une ville dont il étoit le Fondateur. Elle pourroit aussi l'avoir adopté de Sidé, ville
très-considérable de la même contrée, dont presque

E

PLANCHE
I.
Rec. de Méd.
de Peup. et de
Vill. tom. II.
P. 99.

toutes les médailles Autonomes et Impériales que l'on a en grande quantité, ont pareillement pour type la Déesse Minerve. Quoi qu'il en soit, il me paroît qu'il y a lieu d'inférer de ces observations, que c'est à l'Attalie de Pamphylie qu'appartiennent toutes les médailles où cette Déesse est représentée, soit qu'elles ayent pour légende ΑΤΤΑΛΕΩΝ, ou ΑΤΤΑΛΕΑΤΩΝ.

Il pourra paroître extraordinaire à quelques-uns que ces deux mots ΑΤΤΑΛΕΩΝ et ΑΤΤΑΛΕΑΤΩΝ désignent les habitants d'une même ville; c'est comme si l'on appelloit *Parisiens* et *Parisiates* les citoyens de la ville de Paris. Il n'est pas moins singulier qu'il ait été fabriqué des médailles de ces deux sortes dans le même temps et pour le même Empereur; car on a aussi des médailles de Commode frappées dans la même ville avec la légende ΑΤΤΑΛΕΩΝ. Mais chez les Grecs l'inflexion du nom des peuples étoit assez souvent variée de plusieurs manieres. Les médailles en fournissent beaucoup d'exemples. Je citerai seulement celles de la ville de Tomi en Mœsie qui ont pour légende, les unes ΤΟΜΕΩΣ et ΤΟΜΙΤΩΝ, et les autres ΤΟΜΙΤΗΝΩΝ. Il faut aussi observer que souvent les médailles contredisent Étienne de Byzance en ce qu'il a marqué sur l'*Eth-nique* ou le nom des habitants de chaque ville. Au reste la médaille de Commode, en question, n'est pas la seule où le nom des citoyens d'Attalie de Pamphylie soit écrit ΑΤΤΑΛΕΑΤΩΝ. Il en a été rapporté une Autonome dans

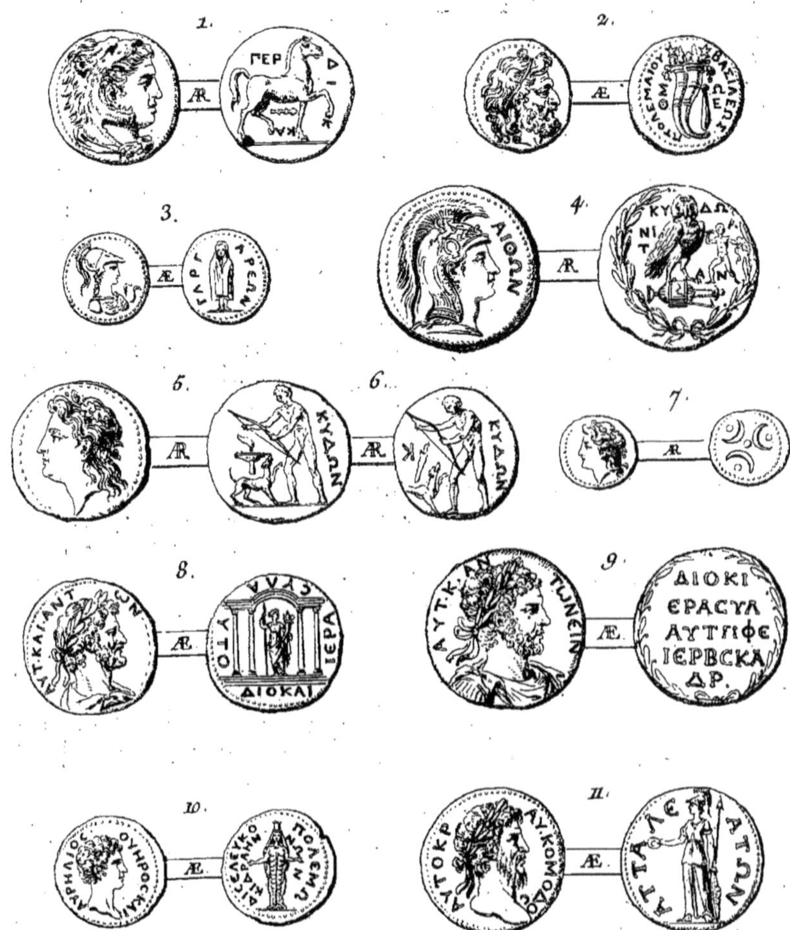

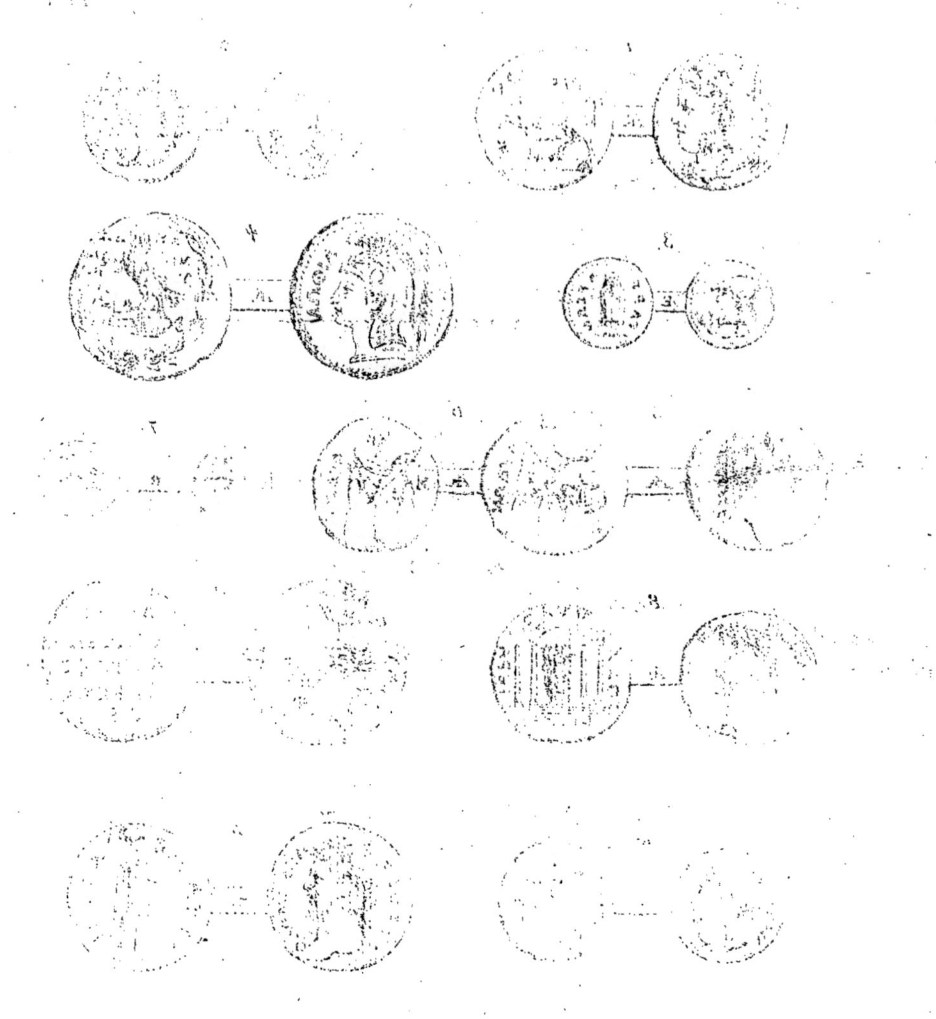

le *Tesoro Britannico*, où il est écrit de même. Ce sont
les deux seules avec cette légende qui soient connues
jusqu'à présent.

PLANCHE<br>II.<br>Tom. I. p. 90.

## MAGNESIA ad Mœandrum.

LE N°. 1 de la seconde Planche présente un médaillon de Commode frappé à Magnésie sur le Méandre. On
voit au revers la figure d'Apollon assis, le bras gauche
appuyé sur une lyre et tenant le *Plectrum* de la main
droite. Ce type en général est assez commun; mais il
y a ici dans les accessoires de petites particularités qui
m'ont paru mériter d'être remarquées. La lyre n'a que
deux cordes, ce qui ne se voit que rarement; et contre
l'ordinaire Apollon tient appuyé sur son genou le *Plectrum*, qui d'ailleurs est d'une forme beaucoup plus
grande qu'on ne le voit sur aucune autre médaille. Ces
singularités ne sont-elles qu'un effet du caprice de l'Artiste qui a gravé le coin de ce médaillon? ou ont-elles
rapport à l'art qui exigeoit de pareilles proportions
relatives entre des instruments de cette espèce? J'en
laisse la décision à ceux qui, par leurs recherches sur la
Musique des Anciens, peuvent être en état d'en juger.

La grande branche de Laurier qui est en relief sur
un côté du siege d'Apollon, est sans difficulté un de
ses attributs; mais que je n'avois pas encore vu représenté de cette façon. On sait que le *Gryphon* est un

E ij

animal fabuleux qui lui étoit consacré. Je ne connois point non plus aucun autre monument où il soit figuré à ses pieds, comme il l'est sur le présent médaillon. *

## SEBASTE in Syria.

On ne connoissoit que deux médailles de la Colonie de Sébaste ville de Syrie, lesquelles avec la tête de Julia Domna sur une face et son nom écrit en latin, ont sur l'autre face autour de leurs divers types la légende Grecque KOΛ CEBACTE. Vaillant qui a donné le dessin de ces médailles, en a décrit une autrement, comme s'il y avoit lu COL CEBACTE. C'est une inadvertance de cet Antiquaire qui lui étoit assez ordinaire, parce qu'il écrivoit souvent de mémoire, après avoir vu des médailles qu'il n'avoit plus sous les yeux. Comme il ne dit point où étoient ces deux-là, et qu'il en a rapporté une du cabinet de Morosini qui est pareillement de Julia Domna, avec la légende CEBACTHNΩN. CYP. L. CK. on a douté de l'existence de celles où Sébaste prend le titre de Colonie, qu'on n'avoit point encore vu sur aucune de ses autres médailles.

*Num. Col. P. 2. p. 30.*

*Num. Græc. p. 94.*

* Je me suis trompé; j'ai cité depuis, dans une dissertation sur Apollon, plusieurs monumens sur lesquels on voit le Gryphon aux pieds du Dieu, et j'ai rapporté les raisons qui le lui avaient fait donner pour attribut. *Voy.* une statue d'Apollon avec le Gryphon à ses pieds, *Mus. capitol.* tóm III. pl. 13.

Mais ces doutes et toutes les autres difficultés qu'on pourroit former à cet égard, s'évanouiront au moyen des médailles de Caracalla, N<sup>os</sup>. 2 et 3. Elles ont été reçues de Syrie toutes les deux ensemble, et leur antiquité est incontestable.

Il peut paroître extraordinaire que la légende KOΛ CEBACTE des médailles de Julia Domna soit écrite en Grec avec ces deux mots, tandis que celle des médailles de Caracalla est écrite autrement et en Langue Latine, savoir COL. L. SEPT. SEBASTE. Pour concilier ces différences apparentes, il faut remonter au temps où elles ont été frappées, et parler des peuples qui habitoient alors la ville de Sébaste.

Cette ville appellée anciennement *Samarie,* où il étoit arrivé souvent des révolutions, et qui avoit été détruite par les Juifs sous les Rois Séleucides, fut rebâtie, agrandie et fortifiée par Hérode, qui en même temps fit construire au milieu un grand temple à Auguste, changea en l'honneur de cet Empereur le nom de *Samarie* en celui de *Sébaste,* et la peupla d'un grand nombre de Grecs et de Latins. Il s'ensuivit que les Langues Grecque et Latine y furent également en usage, comme il le paroît par les médailles que l'on a de Néron, de Domitien, de Commode et de Julia Domna, où leurs noms et leurs titres sont écrits en Latin autour de leurs têtes, et la légende des revers en caracteres Grecs, savoir CĒBACTHNΩN. Par conséquent il n'est pas étonnant que

PLANCHE II.

Vaill. *Num. Græc. pop. p. 17, 24, 73 et 94.*

PLANCHE
II.

cette ville dans le temps qu'elle fut faite Colonie, ait fait frapper pour Julia Domna des médailles où sont pour légende les deux mots ΚΟΛ. ϹΕΒΑϹΤΕ. Si celles de Caracalla ont une légende latine des deux côtés, c'est qu'elles furent frappées ensuite, lorsque les nouveaux Colons qui y avoient été envoyés pour former la Colonie, y eurent augmenté le nombre des habitants latins. Alors la Langue Latine y devint la dominante; et il n'y fut plus battu de monnoies qu'en Langue Latine, ainsi qu'il étoit pratiqué dans les autres Colonies.

*Leg.* 1. *de Cens.*

Quand même on ne sauroit pas par un passage d'Ulpien que la ville de Sébaste avoit été faite Colonie par l'Empereur Sévere, les médailles de Caracalla nous l'apprendroient; les lettres L. SEP. qui font partie de la légende, devant être lues *lucia septimia*, titre que prit la ville pour marquer sa reconnoissance et son attachement à son bienfaiteur, l'Empereur *Lucius Septimius Severus.*

On ne trouve point qu'elle ait fait frapper des médailles sous les Empereurs suivants. Il n'est même guere fait mention de la ville de Sébaste dans les temps postérieurs, qu'à l'occasion des révoltes des Samaritains. On peut leur appliquer ce que Tacite disoit des Juifs, que ce n'étoit qu'un troupeau d'esclaves, et la portion la plus vile des peuples soumis à l'Empire Romain :

*Morin.* in *Pent. Samarit. Exercit.* 1.

*vilissimam fuisse partem servientium.* Néanmoins, malgré le mépris qu'ils pouvoient mériter, et que l'on affectoit pour eux, on ne put jamais les engager, du temps même d'Hérode, à sacrifier dans le Temple que ce Roi avoit élevé à Sébaste en l'honneur d'Auguste; ils alloient offrir leurs sacrifices sur le mont Garizim suivant la coutume de leurs ancêtres. Cet attachement à leurs usages et à leur Religion n'avoit rien en soi de bien dangereux; mais il les conduisit plus loin. Le gouvernement d'un peuple étranger et impérieux, tel que celui des Romains, leur parut un joug trop pesant, et ils tentèrent plus d'une fois de le secouer. Une de leurs révoltes la plus éclatante fut celle qui arriva sous Zénon. Ils s'assemblèrent sur le mont Garizim : delà, ayant à leur tête un certain Justusa leur compatriote, ils descendirent dans la ville de Naplouse, * l'ancienne Sichem, égorgerent tous les Chrétiens qu'ils y trouverent, et coururent ensuite à Césarée, capitale de la Palestine, où ils exercerent aussi toutes sortes de cruautés. Mais ils ne purent résister aux troupes de l'Empereur; Justusa fut défait et pris dans le combat; Zénon confisqua les biens des principaux Samaritains, mit une forte garnison dans leur ville, et déclara tout Samaritain incapable de porter les armes. Sous le regne d'Anastase, il s'éleva de la part de ces peuples une nouvelle sédition, qui fut aussitôt étouffée par la prudence de Pro-

PLANCHE
II.

*Chronic. Alex.*
*Procop. Ædif.*
*l. 5. c. 7.*
*Malela.*

*Novel. Theod.*
*et Valent. tit.* 3.
*de Jud. et Sa-*
*marit.*

* Ville de la Palestine, située au pied du mont Garizim, nommée aussi anciennement *Neapolis*.

cope, lequel punit les rebelles comme ils le méritoient. Dans ces différents temps, les Empereurs portèrent contre les Samaritains des loix qui tendoient à flétrir leur nation, et à l'anéantir. Justinien força quelques-uns d'entr'eux à embrasser le Christianisme : son projet étoit de détruire entièrement leur Secte; mais il ne put y réussir, et elle subsiste encore aujourd'hui. Suivant le rapport de plusieurs Voyageurs, ils ont pour Chef un Grand-Prêtre, dont le siege est établi sur le mont Garizim; c'est lui qui regle les fêtes solemnelles qu'ils doivent célébrer tous les ans. Cependant ce misérable reste mérite peu que l'on y fasse attention, puisque Benjamin de Tudele assure qu'il n'en avoit vu qu'environ un mille qui habitoient différentes parties de la Syrie et de la Palestine, et qu'un autre Voyageur dit que ce nombre étoit encore diminué.

Quant à la ville de Sébaste, elle n'étoit pas détruite du temps de Benjamin de Tudele, qui en fait au contraire une description fort agréable. Un Voyageur plus moderne rapporte que cette ville n'a plus que quelques pauvres maisons avec une Église dédiée en l'honneur de S. Jean-Baptiste, et une autre sur le haut de la montagne possédée par des Moines Grecs. Il est étonnant, dit-il, combien il y a de ruines en ce lieu; elles surpassent de beaucoup celles que l'on voit à Jérusalem. On remarque encore sur la montagne des colonnes de marbre et des débris de la magnificence des Palais et plate-

plate-formes qui dominoient le pays des environs. La
situation de cette ville est des plus riantes. On décou-
vre delà Joppé, Césarée de Palestine, le mont Ephraïm
et le mont Carmel qui est près de la mer. Le pays qui
est très-fertile, est entre-coupé de ruisseaux; on y voit
beaucoup de jardins; il abonde en Oliviers, en fruits,
et on y trouve toutes les choses nécessaires à la vie. Le
P. Le Quien a donné la suite des Evêques de Sébaste,
qui sont au nombre de dix-neuf. Cette ville est presque
entiérement détruite; elle étoit à huit milles de celle
de Naplouse qui s'est enrichie de ses ruines.

## HIERAPOLIS in Phrygia.

VAILLANT n'avoit point connu de médailles où la ville
d'Hiérapolis en Phrygie eût pris le titre de *Néocore*.
M. Pellerin en a publié une par laquelle il paroît que
cette ville s'en étoit décorée. Pour confirmer qu'elle
avoit obtenu ce titre, j'ai cru qu'il étoit à propos de
publier aussi le médaillon de Caracalla, rapporté N.° 4,
où l'on voit le génie de la ville, qui, sous l'image d'une
femme dont la tête est tourelée, présente une couronne
à l'Empereur; et au bas entre les deux figures, un autel destiné à y offrir un sacrifice en sa faveur.

## PERPERENA in Æolia.

LES médailles de Perpérené, ville d'Æolie, sont rares.

Oriens Christ.<br>t. III. p. 651<br>et seqq. et p.<br>1289.

Suppl. 1. p.<br>37.

F

PLANCHE II.

Vaillant n'en a connu qu'un médaillon qui est de Septime-Sévere. Celui présenté N°. 5, est de Caracalla, et contient un type différent. On lit à l'exergue ΠΕΡΠΕΡΗΝΙΩΝ au lieu de ΠΕΡΠΕΡΗΝΩΝ qu'on voit sur les autres médailles de cette ville. On pourroit croire que ce seroit une méprise ou faute de la part de l'Artiste monétaire, si la même différence ne se trouvoit pas sur des médailles d'autres villes, dont le nom étoit terminé en NA et en NH. Perpérene n'étoit pas une ville considérable, quoiqu'elle ait fait frapper des médaillons. On en a de Caracalla fabriqués en d'autres villes qui ne l'étoient pas davantage. C'est un des Empereurs pour lesquels il en a été frappé en plus grande quantité, non-seulement par les principales villes Grecques, mais aussi par les moindres. Il y a lieu de juger que c'étoit moins par affection pour lui, que par la crainte d'encourir des disgraces de sa part, qu'elles s'engageoient à faire les dépenses nécessaires pour la fabrication de ces médaillons et pour la célébration des sacrifices et des fêtes qui se donnoient dans le même temps où ils étoient frappés.

## LAODICEA in Phrygia.

Pag. 103 et 277.

Vaillant a publié dans son Recueil de médailles Grecques Impériales un médaillon de Caracalla frappé à Laodicée de Phrygie, sur lequel il a vu ou plutôt cru voit les lettres numériques TΠH, et il a jugé qu'elles y formoient une date de l'année 388. Cette date procédoit, selon lui, d'une ere de l'année 565 de la fondation de Rome, en laquelle la liberté avoit été rendue aux villes d'Asie par les Romains après qu'ils eurent vaincu Antiochus III, Roi de Syrie, et borné sa domination aux pays situés au-delà du mont Taurus. Ce savant Antiquaire, pour autoriser son sentiment au sujet de cette ere qui étoit inconnue, l'a *coloré* de traits d'érudition très-propres à le faire valoir, et il a été adopté par les autres Antiquaires qui en ont parlé. Il y a lieu en effet de juger que les villes d'Asie remises en liberté par les Romains, auroient pu en cette considération compter ensuite leurs années à commencer de celle où étoit arrivé un événement aussi intéressant pour elles. Mais outre que les trois lettres en question spécifient autre chose qu'une époque, ainsi que je le prouverai ci-après, il me semble qu'on auroit dû considérer que la date de l'année 388 ne pouvoit s'accorder avec l'âge que Caracalla avoit dans le temps où ce médaillon a été frappé. Comme il étoit né à Lyon en l'année 941, il n'auroit eu tout au plus que onze ans en 952 qui est l'année dans laquelle tombe cette date 388, précédante de la prétendue ere de l'année 565, ainsi que Vaillant l'a marqué lui-même. Or il n'est pas vraisemblable qu'il eût été frappé alors pour cet Empereur un médaillon où il étoit sans doute représenté, comme il l'est sur les

deux médailles ici rapportées, avec un habit militaire
et un visage dont les traits et la barbe désignent évidemment qu'il étoit âgé au moins de 18 à 20 ans. Conséquemment si ce médaillon avoit été effectivement
daté de l'année 388, cette date auroit dû avoir une origine moins reculée de 8 à 9 ans, que l'ere de 565. D'ailleurs il n'est guere probable que Laodicée eût été la seule
des villes d'Asie qui se seroit instituée une ere de l'année
où elles avoient toutes acquis également leur liberté; et
de plus il seroit difficile de trouver des raisons pour lesquelles elle n'auroit daté de cette ere que les seules médailles de Caracalla, n'y ayant aucune date sur celles
qu'elle a fait frapper en grande quantité pour la plupart
des autres Empereurs. Mais toutes les difficultés dispa-
roîtront au moyen des deux médailles, N$^{os}$. 6 et 7, lesquelles font voir que les trois lettres que Vaillant a prises
pour date, ont une signification tout à fait différente.
Ce qui l'a fait tomber dans cette erreur, c'est apparemment que sur le médaillon qu'il avoit vu dans le cabinet de Morosini, la derniere de ces trois lettres qui
devoit être une M, lui a paru être une H, de même
qu'elle le paroît sur notre médaille N°. 6. La lettre M
est formée à peu près de la même maniere sur beaucoup d'autres médailles, et particuliérement sur celles
dont les légendes sont écrites en petit caractere; mais
dans le médaillon N°. 7, cette troisieme lettre est bien
visiblement une M, et elle ressemble parfaitement à la

lettre initiale du mot Μάρκος qui est du côté de la tête
du même médaillon. *

PLANCHE II.

II me reste à donner la signification de ces trois lettres
ΤΠΜ. Elles sont chacune l'initiale d'un mot : le T est
pour Τῶν, le Π pour Πρὸς, et l'M pour Μαιάνδρῳ ou Μαιάν-
δρόν. Ainsi toute la légende, ΛΑΟΔΙΚΕΩΝ ΝΕΩΚΟΡΩΝ,
Τῶν Πρὸς Μαιάνδρῳ, signifie *de Laodicée Néocore qui est
proche du Méandre.* D'autres villes situées près de grandes
rivières ont marqué de même leur situation sur leurs
monnoies par de semblables lettres initiales. C'est ainsi
que sur une médaille de Caracalla frappée dans la ville
de Nicopolis en Thrace, on lit : ΥΠ. ΦΛΑΟΥ. ΝΙΚΟΠΟΛΙΤ.
ΠΡΟΣ Ι. ce qui désigne la position de cette ville proche
de l'*Ister;* et que sur une autre médaille de Gordien
frappée à Séleucie en Cilicie, la légende ϹΕΛΕΥΚΕΩΝ.
ΤΩΝ. ΠΡΟϹ. ΤΩ. Κ. indique la situation de Séleucie,
proche du *Calycadnus.*

Vaillant,<br>*Num. græc. p.*<br>107.<br>Cabinet de<br>M. Pellerin.

Quelque fastidieuses que soient les remarques Grammaticales, je crois ne devoir point me dispenser d'observer encore qu'il y a un point ou petit globule ** au-
dessus du T dans la médaille N°. 6, et qu'il est aussi sur

---

* M. Eckhel attaque mon sentiment dans son ouvrage sur les médailles, *Numi veteres*, pag. 260 ; et M. Pellerin lui a répliqué dans ses
*Additions aux recueils des médailles*, etc., pag. 77.

** On connoît d'autres médailles où la lettre T employée pour Τῶν
est pareillement sommée d'un globule, pour marque de cette signification.

PLANCHE
II.

Wise, *Numm.*
*Bodlei, p.* 205.

la même lettre dans le médaillon N°. 7. On le voit également sur une médaille du cabinet de Guillaume Wake, Archevêque de Cantorbéri. Cette marque qui désigne que le T sur lequel elle se trouve, avoit la valeur de Τῶν, ainsi que quand il est sommé d'un accent circonflexe dans l'écriture courante, devoit suffire pour faire connoître que ce caractere n'étoit pas une lettre numérique, et ne pouvoit par conséquent marquer un nombre, ni faire partie d'une date. Theupolo a publié aussi une médaille de Caracalla frappée à Laodicée, avec les lettres ΤΗΗ. Selon cet Auteur, le type représente un homme nud qui prend la fuite; mais cette description qui paroit hazardée, prouve que la médaille n'étoit pas d'une parfaite conservation, ce qui le justifieroit de n'avoir point apperçu la marque qui devoit être sur le T, et dont il ne dit rien. Voilà donc cinq médailles de Caracalla frappées à Laodicée avec les trois lettres en question : celle de Vaillant, les deux qui sont présentées ici, une autre dont parle Wise et celle de Theupolo. Il n'est guere croyable que ces cinq médailles de modules différents ayent été frappées dans la même année, et contiennent toutes la même date. D'ailleurs soit qu'on mette la ville de Laodicée en Phrygie, soit qu'on la place en Carie, comme le font quelques-uns, il n'y a pas lieu de croire qu'elle eût marqué une date sur ses monnoies, puisqu'il est sans exemple qu'aucune ville de ces deux Provinces en ait jamais employé.

On trouvera peut-être extraordinaire que sur les médailles dont il s'agit, la ville de Laodicée se soit dite située
près du Méandre, tandis que sur d'autres il est marqué
que c'étoit le *Lycus* et le *Caprus* qui couloient autour de
ses murs. Mais Strabon dit que ces deux rivieres à peu
de distance de la ville tomboient dans le Méandre,
dont elle n'étoit pas par conséquent fort éloignée. Il se
peut bien qu'elle ait fait mention du Méandre pour se
distinguer par-là des autres villes qui portoient le même
nom de *Laodicée*. M. Pellerin a observé que d'autres
villes marquoient pareillement sur leurs monnoies le
nom des rivieres les plus considérables de leurs contrées, quoiqu'elles en fussent quelquefois assez éloignées *. Il y a tout lieu de penser qu'elles marquoient

*Lib.* xii. *p.*
578. *edit. Ca-*
*saub.*

Rec. de Peu-
ples et de Vill.
t. i. p. 80.

* On en trouve un exemple sur une des médailles de la ville de
Magnésie en Ionie, qui sont dans le cabinet de M. Pellerin. Cette médaille, qui n'a point encore été publiée, a pour légende ΜΑΓΝΗΤΩΝ
ΜΑΙΑΝΔΡΟΥ. Suivant Pline, Magnésie tiroit son lustre et son surnom
du Méandre, dont elle étoit voisine : *Magnesia cognomine Mæandri
illustris*. Strabon dit la même chose ; mais il ajoute que cette ville n'étoit
pas aussi près du Méandre qu'elle l'étoit du Léthé, autre fleuve ou
riviere qui descendant d'un mont des Éphésiens appelé *Pactya*, et
passant près de Magnésie, alloit ensuite tomber dans le Méandre.
Ainsi la ville de Magnésie et celle de Laodicée se sont pareillement
renommées de ce fleuve sur leurs monnoies, comme si elles en avoient
été fort voisines, tandis qu'elles en étoient distantes et plus près
d'autres rivieres.

Si l'on vouloit des exemples plus frappants, on pourroit citer encore
la ville de Sardes en Lydie, et celle de Cume en Éolie. La premiere

PLANCHE
II.

*Lib.* v, *c.* xxi. *ed.*
Hard.

*Lib.* xiv. *pag.* 647.

PLANCHE
II.

ainsi leur position, parce que leur vanité qui se portoit à tous les objets capables de leur donner du lustre, leur faisoit envisager en cela une sorte de dignité et de gloire, dont elles étoient plus touchées que des avantages réels que leur procuroit la proximité de ces rivieres.

Laodicée a bien pu, à l'exemple d'Apamée *, employer sur ses monnoies la légende Πρὸς Μαιάνδρον. Ces deux villes n'étoient pas fort éloignées l'une de l'autre. C'étoit seulement à quelque distance d'Apamée, que tomboit dans le Méandre le fleuve Marsyas qui passoit par le milieu de cette ville, comme y tomboient le *Lycus* et le *Caprus* qui passoient autour de Laodicée. D'ailleurs suivant le témoignage de Maxime de Tyr, les Phrygiens rendoient un culte particulier aux fleuves Marsyas et Méandre, Φρύγες τιμῶσι ποταμοῦς δύο, Μαρσύαν καὶ Μαιάνδρον; ce qui étoit une autre raison qui pouvoit avoir porté les Laodicéens à faire mention du Méandre

Maxim. Tyr. Serm. 38.

Vaillaut, Flur. Urb. p. 343.

Cabinet de M. Pellerin.

située sur le Pactole, et assez éloignée de l'Hermus, a marqué néanmoins le nom de ce fleuve sur ses médailles, EPMOC CAPΔIANΩN ; et on a une médaille de la seconde avec la légende KYMAIΩN EPMOC, quoiqu'elle fût située sur le bord de la mer et à environ trois lieues de ce fleuve. Il suffisoit apparemment qu'il arrosât son territoire, pour prendre cette qualification, qui la distinguoit d'une autre ville du même nom en Italie et située aussi sur la mer.

* Médaille de Tibere citée par Vaillant du Cabinet de la Reine Christine, sur laquelle on lit ΑΠΑΜΕΙΑΣ ΠΡΟΣ ΜΑΙΑΝΔΡΟΝ. *Num. Græc. p.* 8.

sur

sur leurs monnoies. Enfin les villes d'Apollonie et de
Magnésie qui étoient plus voisines du Méandre, sans
marquer le nom de ce fleuve sur leurs monnoies, l'y
faisoient représenter par des lignes contournées, qui
désignent les tours et détours qu'il fait dans tout son
cours. Elles marquoient ainsi leur position pour se distinguer des autres villes portant les mêmes noms d'*A-
pollonie* et de *Magnésie*.

Vaillant s'est donc trompé en lisant sur sa médaille
les lettres ΤΠΗ, et la critique qu'il emploie pour donner de la vraisemblance à son interprétation, n'est point
tout à fait exempte de reproches. Nous avons des exemples de l'abus qu'il en a fait; et il a été trouvé plus d'une
fois en défaut à cet égard. C'est ainsi qu'il a cru voir
une ere sur une médaille de la ville d'Hadrianopolis en
Thrace, tandis que les villes de cette Province ne marquoient point d'époques sur leurs monnoies. La date
BZ. 62 devoit se rapporter bien plus naturellement à
la ville d'Hadrianopolis de Bithynie, qui ayant partagé
vraisemblablement les bienfaits d'Hadrien envers cette
Province, puisqu'elle prit le nom de l'Empereur, se
forma pour cette raison une ere dont elle compta ensuite les années.

L'ere prétendue qu'il a remarquée sur les médailles
de Diospolis, n'a pas plus de fondement; il les a mal
lues, et les lettres qu'il y a prises pour des dates pro-
cédantes d'une ere, ainsi que sur d'autres médailles de

PLANCHE
II.

Vaillant,
*Num. Græc.p.*
240.

M. Pellerin,
Mél. tom. II.
p. 309.

Vaillant, *ib.*
p. 270.

G

PLANCHE
II.
M. Pellerin,
Mél. tom. ii.
p. 319.

Mél. tom. ii.
p. 321.

la ville d'Eleuthéropolis, marquoient seulement les années du regne de Septime - Sévere, dans lesquelles ces médailles avoient été frappées.

L'ere de la ville d'Ilium est également chimérique : M. Pellerin a remarqué que sur une médaille, où Vaillant a lu ΔΟϹ après le mot ΙΛΙΕΩΝ, ce mot est suivi d'un I, après lequel il y a un intervalle pour une ou deux lettres; on distingue ensuite très - aisément les lettres ΛΟϹ, de sorte qu'en restituant le mot entier, on doit lire ΙΟΥΛΟϹ, nom du fils d'Enée, qui étoit inscrit sur la médaille, de même qu'on trouve sur d'autres médailles d'Ilium celui d'Anchise, celui d'Enée et ceux de Hector et de Dardanus. D'ailleurs les villes de Troade non plus que celles de Mysie ne marquoient point d'époques sur leurs monnoies.

C'est encore par méprise que Vaillant a lu sur une médaille de Scepsis ΛΛϹ et ΒΛϹ au lieu des lettres ΔΑΡ qui sont sur celles de Julia - Domna et de Caracalla.

Mél. tom. ii.
p. 140.

M. Pellerin a observé que sur beaucoup d'autres on lit quelquefois ΔΑΡΔΑ et même ΔΑΡΔΑΝΙΩΝ, et que la ville de Scepsis qui étoit dans un canton de la Troade appellé *Dardanie*, le marquoit ainsi sur ses monnoies, pour les distinguer apparemment de celles d'une autre Scepsis qui étoit en Mysie.

Enfin les lettres L. III. P. que l'on voit sur des médailles de la ville de Rhæsena, ne doivent point être interprétées par Ανκάβαντος III. P. et ne forment point la date

118, comme l'a cru Vaillant. M. Pellerin a fait voir qu'on devoit lire *Legio tertia Pia* sur les médailles de Trajan-Dece, d'Etruscille et de Q. Herennius, comme il est prouvé par la comparaison d'autres médailles, sur lesquelles on lit distinctement LEG. III. PIA. et LEG. III. P. ce qui leve toutes les difficultés qui avoient été occasionnées par l'autre leçon.

L'origine de l'ere de la ville de Laodicée, dont on vient de parler, n'étant pas mieux fondée, cette ere ne peut pas plus subsister que les précédentes.

Il paroîtra sans doute étrange que dans une science où je suis à peine initié, j'ose relever quelques méprises de Vaillant, qui y a plus excellé que personne. Mais comme le témoignage d'un Savant de sa réputation peut faire autorité, et qu'il est capable d'entraîner tous ceux qui écriroient après lui, je crois qu'il est important de ne point laisser accréditer des erreurs qui en se perpétuant ne feroient que répandre de l'obscurité sur la Chronologie et sur l'Histoire. Une médaille mal conservée peut être mal lue, et donner lieu à des explications arbitraires, qui n'en seront pas moins fausses quoiqu'ingénieuses, et seront admises par le plus grand nombre des Lecteurs qui n'examineront point les choses avec assez d'attention.

J'en ai vu une de cette espece publiée par Vaillant, qui ne l'ayant pas bien lue, a induit en erreur tous les Antiquaires qui l'ont suivi. Cette médaille qui est con-

PLANCHE II.
Vaill. Colon. Mél. tom. I. p. 349.

Æ. III.

PLANCHE
II.

servée dans le cabinet du Roi, a été frappée à Laodicée en l'honneur d'Auguste : elle a pour type Jupiter
debout, portant de la droite un aigle et tenant de la
gauche une haste, type tout à fait semblable au médaillon, Pl. 1, N°. 7 ; comme elle n'est pas d'une belle conservation, et que les lettres ZEY se distinguent assez bien
au-dessus de la tête de Jupiter, et qu'au-dessous on lit
le mot ΦΙΛΑΛΗΘΗΣ, Vaillant en a conclu que ce dernier mot étoit un attribut de Jupiter, et que l'on devoit
lire ΖΕΥΣ ΦΙΛΑΛΗΘΗΣ, *Jupiter amicus veritatis*. Il n'é-
toit cependant pas difficile, en examinant cette médaille, de remarquer qu'après les lettres ZEY, il y a
encore de l'espace pour plus d'une lettre, et qu'on apperçoit même des traces de celles qui y étoient. De plus
ne trouvant dans aucun Auteur, ni sur aucun monument que l'on eût donné à Jupiter le surnom de *Philalethes*, il auroit pu douter si le mot ZEYC étoit véritablement sur la médaille. Je crois avoir suffisamment
prouvé dans un Mémoire présenté à l'Académie des
Inscriptions et Belles-Lettres, qu'au lieu du mot ZEYC
que Vaillant avoit lu, il falloit lire ΖΕΥΞΙΣ, nom d'un
Magistrat. C'est ce qui est démontré par une médaille
de Laodicée du cabinet de M. Pellerin, sur laquelle on
lit distinctement ΖΕΥΞΙΣ ΦΙΛΑΛΗΘΗΣ ΛΑΟΔΙΚΕΩΝ, et
par une autre du même cabinet frappée aussi en l'honneur d'Auguste à Laodicée, sur laquelle on lit ΖΕΥΞΙΣ
ΛΑΟΔΙΚΕΩΝ. On remarque dans le champ de cette der-

Vaillant,
*Num. Grœc.*
p. 4.

Mél. tom. II.
p. 13.

niere le monogramme $\overset{\Phi}{A}$ qui ne pouvant signifier ici
que Philalethes, prouve évidemment que c'est le sur-
nom ou le titre d'un Magistrat. Il paroît que ces Zeuxis
étoient une famille distinguée de Laodicée *, puisque
Strabon, en parlant d'un temple célebre situé entre
cette Ville et Carure, ajoute que de son temps on y
voyoit une école de Médecine, à laquelle présida un
certain Zeuxis, et ensuite Alexandre, fils de Philalethes, Strab. lib. xii.<br>p. 580. ed. Cas.
qui étoit le surnom de Zeuxis son prédécesseur et vrai-
semblablement son pere : : διδασκαλεῖον Ἡροφίλειον ἰατρῶν
μέγα ὑπὸ Ζεύξιδος. καὶ μετὰ ταῦτα Ἀλεξάνδρου τοῦ Φιλαλήθους.

Néanmoins la leçon ZEYC ΦΙΛΑΛΗΘΗΣ avoit prévalu;
elle a été admise par Haym [a], Havercamp [b], Liebe [c], Hardouin [d], Seguin [e], Spanheim [f], Buonarotti, et plusieurs
autres qui ont eu occasion d'en parler.

Cette erreur peu importante en elle-même et de bien
moindre conséquence que les eres inconnues que Vaillant prétendoit avoir découvertes, fait voir au moins

[a] Tesor. Brit. tom. ii. p. 173, 174, 184.
[b] Haverc. p. 252.
[c] Lieb. Gotha Num. p. 314, 509.
[d] Harduin. Num. Antiq. illustr. in-4°. p. 282.
[e] Seg. Selec. Num. p. 341.
[f] Spanhem. de præst. et usu, tom. ii. p. 498, etc.

---

* Sur un Cistophore de cette ville du cabinet de M Pellerin, on lit
ZEYΞIΣ AΠOΛΛONIOY TOY AMYNTOY, où l'on voit que ce Zeuxis marque
non-seulement le nom de son père, mais aussi celui de son aïeul. Cette
particularité qui est d'autant plus remarquable, qu'elle est plus rare,
et peut-être sans exemple * sur des médailles, fait voir que ce Magistrat se glorifioit de descendre d'un Amyntas, lequel pouvoit bien être
allié à quelqu'un des rois de ce nom.

* Il y en a quelques exemples. Vaillant, *Num. græc.*, p. 182, cite une médaille de Gallien
avec la légende EΠI CTP. AYP. ZEYΞIΔOC ΠΛOY. TIΛΛOY MOCTH. Sub prætoribus Aurelio
Zeuxide, Plusio Tildo Mostenorum in Lydia.

comment il est possible qu'un sentiment admis sans
assez d'examen par un Auteur de sa célébrité soit adopté
par beaucoup d'autres. Je ne prétends point en cela rien
diminuer de la considération que l'on doit avoir pour
un Savant qui le premier a porté le flambeau sur cette
partie précieuse de la Littérature. C'est en quelque sorte
racheter ses erreurs que de mettre les autres sur la voie
de la vérité. Il sera toujours glorieux pour Vaillant d'être
entré avec tant de distinction dans cette carriere où personne ne pourra jamais s'avancer qu'en y suivant ses
traces, et en évitant de faire comme lui des faux pas
dans des routes qui n'y sont pas encore entiérement
applanies.

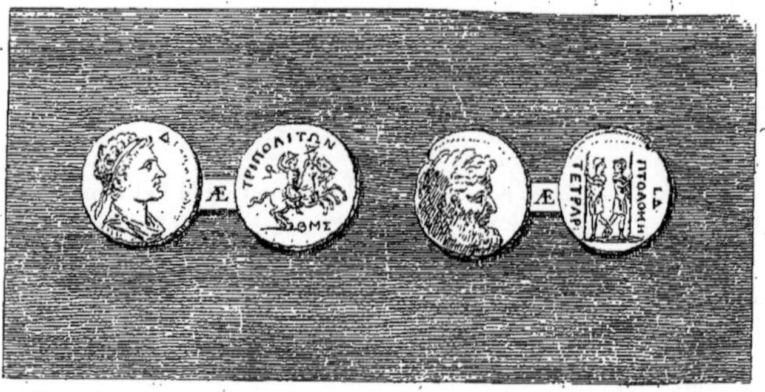


Les deux médailles représentées dans cette Vignette
ne sont point du cabinet de M. Pellerin comme les pré-

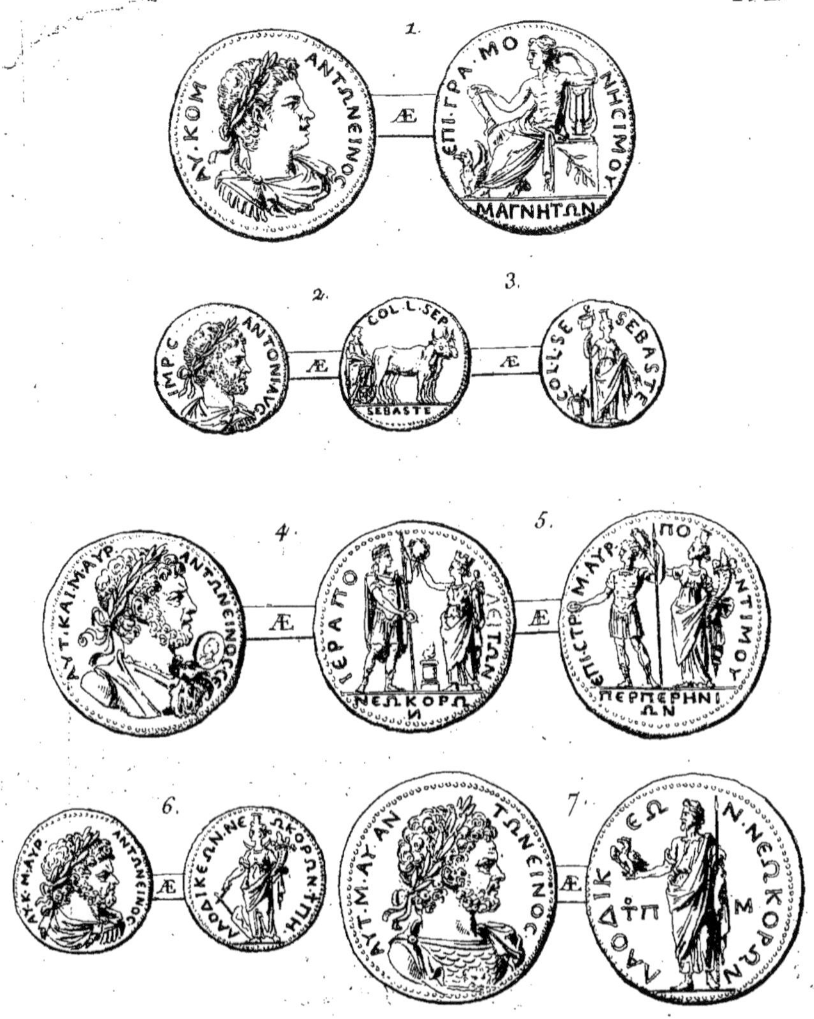

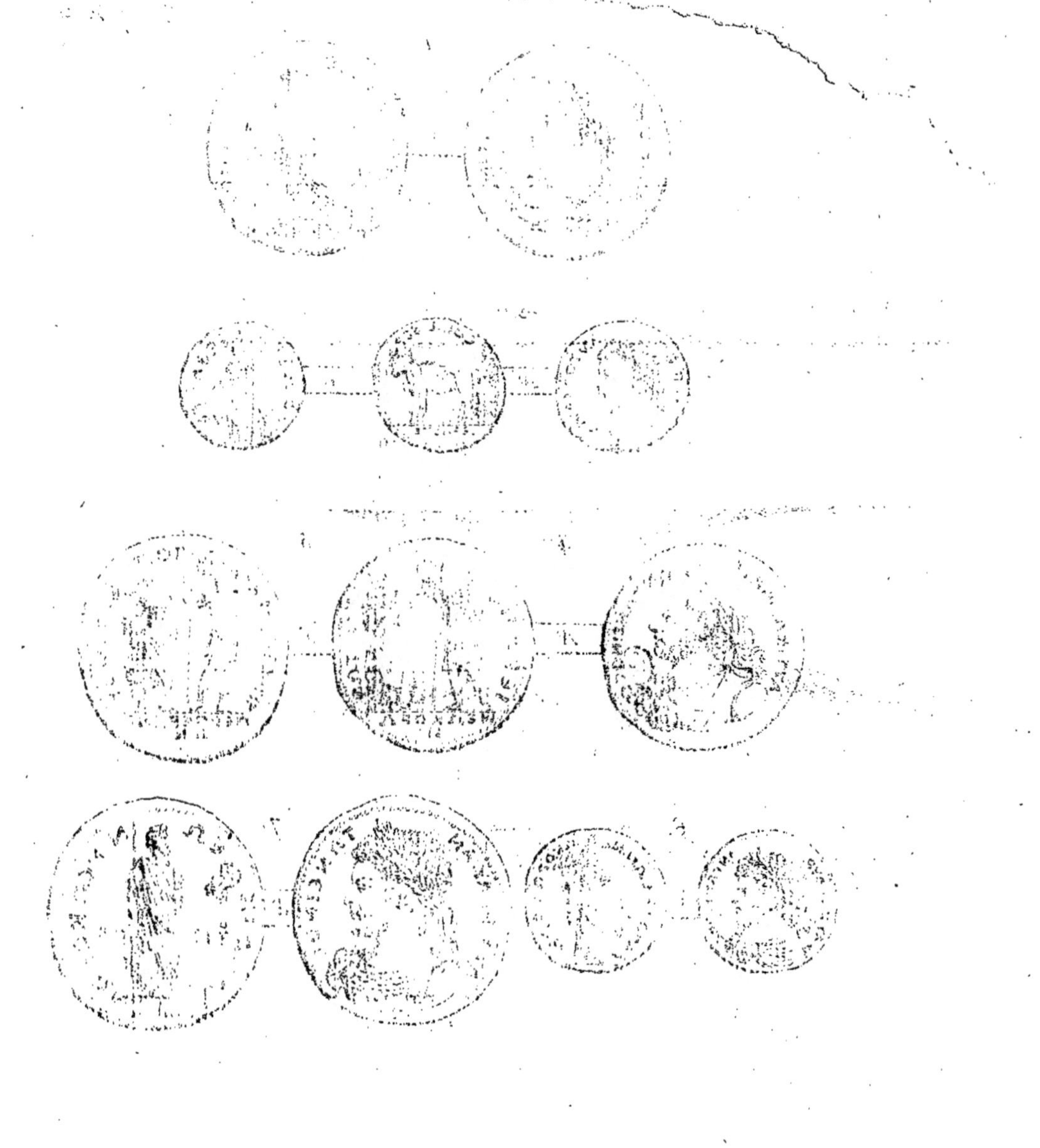

cédentes. Il m'en a seulement remis les dessins qu'il avoit
reçus de Venise, il y a déjà plusieurs années. Je ne trouve
point que ces médailles que feu M. Savorgnan avoit
fait graver, ayent été publiées depuis sa mort. Il y en
a peu cependant qui méritent plus d'être connues. Elles
sont l'une et l'autre uniques jusqu'à présent, et représentent, à mon avis, deux Rois ou Tyrans qui régnerent en des contrées particulieres de la Syrie, où sous
les derniers Rois Séleucides, des rebelles s'étoient formé
des Principautés en prenant les uns le titre de Rois, et
les autres ceux de Tétrarques, d'Ethnarques ou Dynastes. Je me dispenserai de rapporter ce que les anciens
Ecrivains ont dit tant sur les causes du démembrement
de ce vaste Royaume, que sur les noms et le nombre
de toutes les diverses Dynasties qui y furent établies.
Sans faire mention non plus de tous ceux qui les oc-
cuperent, je crois qu'il suffira, pour satisfaire la curio-
sité des Lecteurs, de marquer quels étoient ceux que
les deux médailles représentent, et quelles sont les raisons qui me font attribuer la premiere à un Tyran de
la ville de Tripolis, nommé *Dionysius*, et la seconde à
Ptolémée fils de Mennée*, Souverain de la Chalcidène.

En général ces médailles sont de la même espece que
celles que l'on connoît de Zénodore Tétrarque de la

*Eckhel, *Numi veteres anecdoti. Viennæ Austriæ:* 1775, in-4°; p. 279,
a publié une médaille de Ptolémée Tétrarque de la Chalcidène, et à
cette occasion il parle de celle que l'on voit gravée ici; il pense qu'il
faut lire ΤΕΤΡΑΡΧΗΣ, et avec raison. La sienne est gravée pl. XV, n° 8.

Trachonitide, lesquelles avoient causé des divisions entre les Antiquaires au sujet d'une date qui n'y étoit pas bien reconnoissable, parce qu'elles étoient toutes mal conservées. Une plus entiere du cabinet de M. Pellerin a levé les difficultés, comme on le peut voir dans son Recueil de Médailles de Rois, et dans une savante Dissertation de M. l'Abbé Belley.

P. 174.
Mém. de l'Ac. des Inscript., tom. xxviii. p. 545.

Il y a aussi une date sur un des côtés de la premiere des deux médailles en question, avec le nom des peuples qui l'ont fait frapper, savoir ΤΡΙΠΟΛΙΤΩΝ. ΘΜΣ. Le type représente les Dioscures à cheval, qui étoient les Divinités que ces peuples révéroient le plus. Sur l'autre côté l'on voit une tête d'homme sans barbe avec un diadême; et il paroît que la légende du contour en étoit tout à fait effacée, excepté la lettre Δ qui en est restée, comme le fait voir la gravure de Venise. Je ne sais si M. Savorgnan avoit jugé que cette lettre désignoit le nom de *Dionysius*, et que c'étoit la tête de ce tyran qui y est représentée; mais la date de l'année 249 qui est marquée au revers, le montre beaucoup mieux, et en fournit une preuve incontestable. Cette preuve résulte de la maniere dont les Tripolitains comptoient leurs années, savoir de l'ere des Séleucides qui, comme on sait, avoit commencé l'an 442 de la fondation de Rome. Or en ajoutant à 442 la date 249 qui est marquée sur la médaille, cette date tombe en l'année 690 de Rome, dans laquelle Dionysius régnoit à Tripolis; et ce fut l'année

suivante

suivante 691 que Pompée arrivé en Syrie pour l'assujettir à la République Romaine, prit possession de la ville de Tripolis, en faisant trancher la tête à ce Tyran. L'Historien Josephe est le seul qui fasse mention de cette particularité que je trouve assez remarquable pour rapporter ici le passsage qui la contient : Πομπήϊος, dit-il, Πτολεμαίου τοῦ Μενναίου χώραν κατενόησεν, ἀνδρὸς πονηροῦ, καὶ οὐδὲν ἐλάττονος Διονυσίου τοῦ Τριπολίτου, τοῦ πελεκισθέντος, ὅσπερ καὶ κηδεύων ἐτύγχανεν αὐτῷ, χιλίοις μέντοι ταλάντοις ἐξωνησαμένου τὴν ὑπὲρ τῶν ἡμαρτημένων τιμωρίαν οἷς Πομπήϊος τούς σρατιώτας ἐμισθοδότησεν.

*Antiq. Jud. lib.* xiv. *c.* iii. N°. 2.

Il est à remarquer que *Dionysius* avoit pris le diadème comme on le voit sur sa médaille, et que conséquemment il se faisoit donner le titre de Roi, les Rois étant les seuls qui portassent le diadème. C'en étoit assez aux yeux de Pompée pour le rendre criminel, quand il n'auroit pas commis des forfaits, qui le faisoient appeller *méchant homme,* ainsi qu'il est marqué dans Josephe, qui le compare en cela à Ptolémée, fils de Mennée son ami et son allié.

C'est de ce Ptolémée qu'est la seconde médaille, sur laquelle il ne prend que le titre de Tétrarque, quoique sa Principauté fût beaucoup plus étendue que celle de Tripolis. Suivant Josephe, qui parle de lui en beaucoup d'endroits des Antiquités et de la Guerre des Juifs, il possédoit toute la Chalcidène dont la ville de Chalcis étoit la capitale; et selon Strabon, à cette Principauté

*Lib.* xvi. *p.* 753.

H

étoient jointes la ville de Hiérapolis et les montagnes
d'Iturée. Plusieurs autres Ecrivains l'appellent Roi de
Chalcis. S'il n'en a pas pris le titre sur la médaille dont
il s'agit, c'est peut-être qu'il ne voulut pas s'aliéner par-
là les Romains à qui il savoit combien le nom de Roi
étoit odieux du temps de la République qui subsistoit
encore alors. Mais quand peu d'années après, le goü-
vernement étant devenu Monarchique, il plut aux Empereurs d'avoir des Rois tributaires dans leur dépendance, il se peut bien que Ptolémée ait pris ce titre.
Du moins est-il certain que la Chalcidène étoit devenue
un Royaume sous les premiers Empereurs Romains,
puisque l'on a une médaille d'un Roi de Chalcis appellé
Hérodes, sur laquelle il est représenté avec le diadême
autour de la tête et la légende ΒΑΣΙΛΕΥΣ ΗΡΩΔΗΣ ΦΙ-
ΛΟΚΛΑΥΔΙΟΣ. Je laisse à d'autres plus experts, à déci-
der la question de savoir quel étoit ce Roi de Chalcis,
sur quoi le Cardinal Noris, le P. Hardouin et Spanheim
sont d'avis différents. Je dois dire seulement que le
Royaume de Chalcis ne subsista pas long-temps après
le regne de l'Empereur Claude. Sous celui de Domitien
en l'année 845 de Rome, la Chalcidène fut réunie aux
autres parties de la Syrie qui avoient été soumises à
l'Empire Romain. Les habitants de Chalcis se formerent
en cette année 845 une ere dont ils daterent quelques
médailles qu'ils firent frapper en l'honneur de Trajan,
d'Hadrien et de Commode.

Sur celle dont il est ici question, il y a aussi une date; mais cette date LA ne peut y marquer que l'année quatrieme du regne de Ptolémée. La plupart des villes changeoient, suivant les événements, la maniére de compter leurs années; les exemples en sont communs. Sur les médailles des Rois d'Égypte, de Cappadoce et d'autres pays, et particuliérement sur celles des Rois des Juifs, les dates qu'on y trouve, marquent les années de leur regne. Les Chalcidiens ont bien pu en user de même pour leurs Rois. On ignore le temps précis où Ptolémée commença à régner; néanmoins il y a tout lieu de croire que la médaille que l'on voit ici, a été frappée avant que Pompée fût venu en Syrie pour la seconde fois, et qu'il eût pris connoissance du pays, qui étoit de la dépendance de Ptolémée. Cet événement étant arrivé l'an 691 de Rome et Ptolémée étant mort l'an 714, si l'on ajoute les 23 ans qui remplissent cet espace à l'année quatrieme marquée sur la médaille, il en résultera qu'il aura régné au moins 27 ans.

Cette médaille de Ptolémée qui est une copie exacte de celle qui a été gravée à Venise, me fait soupçonner que l'original n'est pas d'une parfaite conservation, non plus que la médaille de *Dionysius*. Au revers on lit ΠΤΟΛΟΜ.... au lieu de ΠΤΟΛΕΜΑΙΟΥ. Il peut y avoir des Manuscrits de Josephe où le nom de ce Roi aura été écrit ΠΤΟΛΟΜΑΙΟΣ, et c'est de là vraisemblablement que le Cardinal Noris a suivi cette Orthographe, comme

H ij

il l'a fait plusieurs fois dans ses *Cenotaphia Pisana*; mais dans les Imprimés de Josephe, ce nom est toujours écrit en Grec Πτόλεμαῖος.

Ce seroit une témérité que de me permettre la moindre critique de ce célebre Cardinal, dont les ouvrages portent l'empreinte de l'exactitude et de l'érudition. Je ne puis cependant me dispenser de marquer ici, que je ne crois pas qu'il soit bien fondé à prétendre que, suivant l'Historien Josephe et Strabon, il y avoit eu deux Dynastes de Chalcis qui portoient le nom de Ptolémée, savoir l'un appellé *Mennée et Ptolémée Mennée*, et l'autre *Ptolémée fils de Mennée*. Je n'en trouve qu'un seul qui est toujours, soit Πτολεμαίου τοῦ Μεννναίου υἱὸς, soit Πτολεμαίου τοῦ Μενναίου sans le mot υἱός qui est sous-entendu suivant l'usage des Grecs. On ne voit dans aucun Auteur le nom de Μενναῖος seul. Je remarquerai aussi que dans la même page 271, il s'est contredit en écrivant : *Ptolemæus Mennæi filius suam in potestatem Chalcidem redegit;* et huit lignes après : *Mennæus a Seleucidis rebellans primus apud Chalcidem Dynastiam usurpavit.*

Il me reste à faire mention du revers de la médaille de Ptolémée, dont je ne puis cependant rien dire, si ce n'est qu'il représente deux hommes en habit militaire qui sont debout en regard, tenant d'une main chacun une haste. Ces deux figures ne seroient-elles point celles de Ptolémée et de Dionysius, qui étoient

alliés et unis, et qui se ressembloient si fort par leurs
caractères et par leurs mœurs ?

Au reste il n'est pas douteux que les deux médailles
que je rapporte, ne soient antiques. Les défauts que j'y
ai remarqués, n'empêchent point qu'elles ne soient
précieuses en ce qu'elles sont de deux Rois ou Dynastes dont il est fait mention dans l'Histoire, et qu'on n'en
avoit encore vu aucune ni de l'un ni de l'autre.

---

# APPENDIX.

*Lettre à MM. les auteurs du Journal des Sçavans, avril 1775,
page 243, in-4°.*

« Lorsque je fis imprimer, en 1771, des observations sur quelques
médailles du cabinet de M. Pellerin, je crus que le médaillon de
*Cydonia*, Pl. I, N° 6, méritoit d'être publié, aucun antiquaire ne l'ayant
fait connoître. Ce médaillon, au premier coup-d'œil, paroît semblable
à ceux d'Athènes par ses types: il présente d'un côté la tête de Minerve
casquée, et de l'autre, une chouette posée sur un vase renversé; mais
la fabrique, qui en est différente, fait reconnoître aisément qu'il n'est
point de cette ville; d'ailleurs, la légende KYΔΩNIATAN ne permet pas
de douter qu'il ne soit de *Cydonia*. Je m'étais contenté de rendre raison
de cette singularité, en faisant voir qu'une colonie d'Athéniens, qui
était venue s'établir en Crète, avoit pu porter ses usages et sa religion
dans une ville de cette île. Le témoignage des auteurs anciens, joint
au monument que je produisois, rendoit ce sentiment plus que probable, et lui donnoit toute la certitude que l'on peut exiger en fait
d'histoire. Je voyois encore dans le médaillon une conformité de plus

avec ceux d'Athènes, en ce que je prenois pour un nom de magistrat le mot ΑΙΘΩΝ, qu'on y lit du côté de la tête de Minerve, et sur lequel je n'avois pas cru devoir insister.

Cependant, si une question peut tirer son importance du mérite des personnes qui la traitent, ce même mot, sur lequel j'avois passé si rapidement, doit fixer aujourd'hui toute mon attention ; et je ne craindrai pas de vous en entretenir, puisque deux sçavans distingués n'ont pas dédaigné de s'en occuper.

M. Dutens fit paroître, en 1773, un ouvrage intéressant sur des médailles grecques et phéniciennes, du nombre desquelles étoit un médaillon de *Cydonia*, semblable à celui que j'avois déjà publié. Le second augmentoit l'authenticité du premier, et il offroit une différence dans le type ; car on y remarque une chèvre ou une louve, allaitant un enfant. Je vis avec plaisir ce double avantage qu'il réunissoit ; mais l'auteur avoue que le principal motif qui l'avoit engagé à le publier de nouveau, étoit l'explication qu'il vouloit donner du mot ΑΙΘΩΝ ; lequel, selon lui, n'est point un nom de magistrat, comme je l'avois avancé, mais une épithète de Minerve. Je communiquai alors à M. Dutens quelques observations, qui n'ont point produit l'effet que j'en attendois ; et je ne pensois guères à cette petite querelle, quand j'ai vu paroître, sur le même sujet, une lettre de M. de Villoison, par laquelle M. Dutens est de plus en plus confirmé dans son opinion. Cette lettre, qui donne une preuve de l'érudition de l'académicien qui l'a écrite, doit être imprimée à la fin de la Palæographie numismatique de M. Dutens. Quoique personne ne fasse plus de cas que moi de telles autorités ; néanmoins, malgré la deférence que j'ai pour les lumières de ces deux sçavans, j'exposerai en peu de mots les raisons qui m'empêchent d'être en cela de leur avis.

Le droit de faire battre monnoie fut toujours regardé comme un des symboles de l'autorité. Dans les républiques, les magistrats qui étoient chargés du gouvernement, ne pouvant faire représenter leur tête sur les monnoies, y faisoient graver leur nom ; c'étoit un privilége honorable dont ils devoient par conséquent être fort jaloux. Nous lisons

jusqu'à trois de ces noms de magistrats sur des médailles d'Athènes :
on en voit deux sur quelques médailles de Smyrne. Il y a des villes
qui n'en ont qu'un sur leurs médailles, tandis que plusieurs autres paroissent avoir négligé cet usage ; soit pour des raisons qui nous sont
inconnues, ou parce que les médailles qui portoient ces noms ne sont
point parvenues jusqu'à nous. On connoît des médailles d'une même
ville, dont les unes ont un nom de magistrat sans le nom de la ville,
et d'autres le nom de la ville sans celui de magistrat.

Vaillant a recueilli les noms de différentes magistratures et des magistrats qu'on lit sur les médailles ; mais il y auroit encore bien des
recherches curieuses à faire sur cet objet.

Quand il ne seroit pas constant par les monuments que plusieurs
villes de Crête ont eu des magistrats, il ne seroit pas étonnant que celle
de *Cydonia* eût les siens : puisque étant colonie d'Athènes, dont les
magistrats faisoient marquer leur nom sur les monnoies, elle devoit
naturellement en suivre les usages. Sur un médaillon d'argent de *Cydonia*, publié par M. Pellerin, Rec. de Méd. de peup. et de vill., t. III,
Pl. XCIX, N° 35, on lit le mot ΠΑΣΙΩΝ, du côté de la tête d'Apollon.
Sur une médaille de bronze, de la même ville, *Ibid.* N° 37*, on lit
celui d'ΕΥΠΟΛ, autour d'une tête inconnue. Le mot ΛΙΘΩΝ est placé à
peu près de même au devant de la tête de Minerve, sur le médaillon
dont il s'agit, et que nous avons publié, M. Dutens et moi. Mais, si l'on
fait de ce mot une épithète de Minerve, comment expliquera-t-on
les deux autres ? J'en pourrai dire autant d'un médaillon d'argent de
Cnosse, autre ville de Crête, publié par Chishull, Antiq. asiat. p. 127.
Je ne crois pas, en effet, que l'on puisse admettre son sentiment tou-
chant le mot de ΠΟΛΧΟΣ qu'on y lit. Ce savant Anglois soutient deux
propositions qui me paroissent également fausses : la première, que
ce n'est point la tête d'Apollon qui est représentée sur le médaillon,
mais celle du Génie du peuple ; la seconde, que le mot de ΠΟΛΧΟΣ est
là pour ΔΗΜΟΣ. « Πόλχος, dit-il, dérive d'ὄχλος, dont les Æoliens ont fait
« ὄλχος, par la transposition d'une lettre : ils y ont ajouté le *digamma* Ϝ,
« pour adoucir la prononciation, de sorte qu'ils ont écrit ϜΟΛΧΟΣ, et

« puis ΠΟΛΧΟΣ, d'où est venu le mot *vulgus* des latins, *volgo* des
« Italiens et *volck* des Allemands. »

En faisant ainsi l'anagramme des mots et en y ajoutant des lettres,
il sera aisé de leur faire signifier ce que l'on voudra. Quelle nécessité
de changer ΠΟΛΧΟΣ en ΔΗΜΟΣ, et où en trouve-t-on des exemples?
On pourroit aussi objecter à Chishull que le mot ΔΗΜΟΣ qui est employé sur plusieurs médailles de l'Asie mineure, ne l'est sur aucune
de l'île de Crète. Il paroît donc bien plus certain que c'est le nom
d'un magistrat, et que la tête, qui a tout le caractère de celle d'Apollon, ne peut appartenir à d'autre qu'à ce dieu. Ainsi voilà trois
médailles, dont deux de *Cydonia*, et la troisiéme de *Cnosse*, sur
lesquelles des noms, écrits du côté de la tête, ne se rapportent nullement à ces têtes; d'où je conclus que le mot ΑΙΘΩΝ ne se rapporte
pas davantage à la tête de Minerve, et qu'il ne peut être qu'un nom
de magistrat.

Il est vrai que M. Dutens donne pour comparaison d'autres médailles, sur chacune desquelles une seule épithète, substituée au nom
propre, semble avoir un rapport sensible avec la tête de la divinité
représentée, mais il n'est pas difficile de faire voir la disparité. A
l'égard du mot ΑΡΧΑΓΕΤΑ, par exemple, qui est sur des médailles de
*Tauromenium*, Goltzius Sic, Pl. VI; il faut observer que les Chalcidiens furent les premiers des Grecs qui établirent une colonie en Sicile,
selon Thucydide, Lib. VI; qu'après avoir quitté l'Eubée, et ayant à
leur tête Theuclès, ils abordèrent sur les côtes de Sicile; où ils fon-
dèrent la ville de *Naxus*; qu'ils y élevèrent un autel à Apollon, qu'ils
regardoient comme le chef de leur colonie, Νάξον ᾤκησαν, καὶ Ἀπόλλωνὸς
ἀρχηγέτου βωμον; qu'enfin, jamais ils ne s'embarquoient sans consulter
Apollon en ce même lieu. La ville de *Tauromenium*, dont Goltzius a
publié les médailles qui portent le nom d'ΑΡΧΑΓΕΤΑ, étoit voisine et
colonie de *Naxus*. Le titre seul d'ΑΡΧΑΓΕΤΑ, accompagnant la tête
d'Apollon, sur les médailles de cette ville, devoit donc suffire pour
désigner le dieu que l'on y révéroit particulièrement sous cette dénomination. C'est ainsi que, sur un médaillon d'Héraclée du Pont, Pell.
Suppl.

Suppl. III, Pl. 3, la légende ΤΟΝΚΤΙΣΤΑΝ, autour de la tête d'Hercule, indiquoit assez clairement ce héros, parce que c'étoit une tradition chez les Maryandiniens, peuple voisin d'Héraclée, que Hercule leur avoit donné cette ville.

Lorsqu'Apollon est désigné par la seule appellation de ΠΥΘΙΟΣ ΤΡΑΛΛΙΑΝΩΝ sur une médaille de Domitien, par celle de ΔΙΔΥΜΕΥΣ ΜΙΛΕΣΙΩΝ sur une de Caracalla; Jupiter, par celle de ΠΕΙΟΣ ΕΦΕΣΙΩΝ sur une d'Antonin, frappée à Éphèse : quand l'épithète seule d'ΕΛΕΥΘΕΡΙΟΣ seroit substituée à son nom sur d'autres médailles (1) : enfin, quand on voit le mot ΚΟΡΑΣ avec la tête de Proserpine (2); je ne crois pas qu'il soit possible de se tromper dans l'application de ces noms, puisqu'ils sont employés d'ailleurs par les auteurs comme des épithètes d'Apollon, de Jupiter et de Proserpine; et, que de plus on n'ignore pas que les villes qui ont fait frapper les médailles sur lesquelles on les remarque, rendoient un culte à ces divinités sous ce titre-là. Il n'en faudroit cependant pas conclure que la même chose pourroit avoir lieu indistinctement à l'égard de toutes les épithètes des divinités; car, quoiqu'une ville honorât un dieu sous tel attribut, et que la dénomination de cet attribut lui fût donnée par les auteurs, on ne l'auroit pas pour cela désigné sur une médaille, ou sur un autre monument par ce seul attribut, sans des raisons particulières. Sur plus de deux cents attributs de Jupiter, qui ont été recueillis dans un mémoire présenté à l'Académie des Belles-Lettres, il n'y en a peut-être pas quatre qui soient dans le cas dont nous parlons; et, celui de *Tonans*, de *Fulgurator*, etc., qui est sans contredit un des plus importants, ne lui est jamais donné sans être précédé du nom propre de Jupiter. Il falloit

(1) On connoît une médaille de Syracuse, sur laquelle on voit la tête de Jupiter, avec la légende ΖΕΥΣ ΕΛΕΥΘΕΡΙΟΣ; mais je ne me rappelle point de médaille où cette épithète soit donnée à Jupiter sans son nom, ainsi que le fait entendre M. Dutens.

(2) Proserpine étoit la divinité principale de Cizique. Sur une médaille de Faustine, frappée dans cette ville, on lit ΚΟΠΗ ΣΩΤΕΙΡΑ ΚΥΣΙΚΙΙΝΩΝ; et, sur des médailles autonomes de Cizique, on voit la tête de cette déesse, avec la légende ΚΟΠΗ ΣΩΤΕΙΡΑ ou ΚΟΠΗ ΣΩΤΙΡΑ. Si l'on reconnoît aisément sa tête sans qu'il y ait de légende, à plus forte raison lorsqu'elle est désignée par une épithète qui lui est propre.

I

qu'une épithète fût bien caractéristique pour la substituer, ainsi au nom, et encore cela tenoit-il peut-être à des circonstances locales. Aussi voyons-nous que l'on ajoute ordinairement le nom du lieu ou de la ville qui l'emploie de cette sorte.

Je demande maintenant si une épithète d'une acception aussi frivole et aussi vague que celle que l'on attache au mot ΑΙΘΩΝ peut jamais désigner suffisamment Minerve (1)? Prouvera-t-on par quelqu'autorité que cette déesse fût la seule qui pût être blonde ou avoir les regards perçants; car, ce sont-là les sens que M. Dutens et M. de Villoison donnent au mot αἴθων (2). Il est bien étonnant qu'aucun auteur et surtout Homère, qui a si souvent donné à Minerve et aux autres déesses des épithètes prises de leurs qualités naturelles, telles qu'εὔκομος, γλαυκωπις, βοῶπις, etc., ne lui ait jamais donné celle d'αἴθων si elle étoit consacrée (3); enfin le mot ΑΙΘΩΝ, qu'on lit au-dessus de la figure de Minerve sur un médaillon de Lysimaque, du cabinet de M. Duane, est un argument moins favorable à M. Dutens qu'il ne le pense. L'on connoît deux autres médaillons de ce roi, sur lesquels, avec le type de Minerve, on lit le nom de ΣΚΟΣΤΟΚΟΥ, qui est incontestablement

(1) On trouve le nom αἴθων employé comme nom propre dans Tzetzes Chiliad. 2, nᵉ 47. C'étoit aussi le nom d'un des chevaux du Soleil. Homère, Iliad. θ, 185.

(2) Voy. la première dissertation de M. Dutens, sur des médailles grecques et phéniciennes, p. 48; et la lettre de M. de Villoison.

(3) Je ne dois pas dissimuler que M. Dutens a cité deux passages, l'un d'Ovide et l'autre de Stace, qui font Minerve blonde.

> *OEnea namque ferunt pleni successibus anni*
> *Primitias frugum Cereri, sua vina Lyæo,*
> *Palladios flavæ latices libasse Minervæ.*
>
> Ovid. *Met. lib.* 8, *vers.* 273.

> *Pallas et asperior Phœbi soror, utraque telis,*
> *Utraque torva genis, flavoque in vertice nodo.*
>
> Stat. *Theb. lib.* 2, *vers.* 237.

Il eût été permis à un autre poëte de la faire brune, et le lecteur auroit pu choisir :

> *Pictoribus atque poetis*
> *Quælibet audendi semper fuit æqua potestas.*

celui d'un magistrat : l'un est au cabinet du Roi, et l'autre dans celui de M. Pellerin. Cet exemple prouve seulement, qu'il y a des noms de magistrats sur des médailles de *Lysimaque* ainsi que sur plusieurs d'*Alexandre*, ce qui est une chose fort remarquable.

Si le mot ΑΙΘΩΝ, sur le médaillon de *Cydonia*, est du côté de la tête de Minerve, ainsi que ceux de ΒΟΛΧΟΣ, de ΠΛΖΙΩΝ et d'ΕΥΠΟΛ, qui sont aussi du côté de la tête sur les médailles dont j'ai parlé, la raison en est bien simple; comme on ne pouvoit le placer au revers, le champ étant tout-à-fait rempli par le type et par le nom de la ville, qui est même réparti d'une manière assez bizarre, on a été obligé de le graver du côté de la tête; et vraisemblablement personne ne s'y méprenoit à *Cydonia*, dans le temps où l'on se servoit de ces médailles dans le commerce ou à d'autres usages.

Mais il ne faut pas mettre tant d'importance à cette question; elle ne méritoit assurément pas l'attention de M. Dutens, qui est si capable de traiter de plus grands sujets.

J'ai l'honneur, etc.

LEBLOND.

*P. S.* Je n'entreprendrai point de répondre à la lettre de M. de Villoison, cela n'est point de mon sujet. J'observerai seulement en passant qu'il résulte, à la vérité, des discussions grammaticales de ce sçavant académicien, que pour les noms adjectifs en ων, les Attiques employoient la terminaison ος pour le féminin comme pour le masculin, ainsi que tout le monde sçait; mais cela ne conclut rien pour les adjectifs d'une autre terminaison, comme ceux en ος, quand ils avoient les deux genres, ainsi que les participes en ων, qui ont ουσα. Les exemples que cite M. de Villoison ne prouvent pas ce qu'il se propose de prouver; car, ce sont des noms d'un genre commun : εὐδαίμων, κρείττων, etc.; c'est comme si de ce que l'on dit en latin *hic et hæc fortis*, on en vouloit conclure qu'on peut dire aussi *hic et hæc bonus*. Je crois qu'il seroit difficile de trouver un seul participe en ων, où cette terminaison ων soit employée au féminin. Il me paroît aussi que le passage

I ij

d'Eusthate, concernant Minerve, μετασκευάζεται δὲ πρὸς τὸ ἀρρενωπότερον, que M. de Villoison traduit ainsi : *elle prend le sexe masculin*, doit présenter un autre sens, et qu'il signifie que Minerve, sans changer de sexe, prend un air, un regard plus mâle ; et, en ce cas, la conséquence qu'il en tire, n'aurait pas lieu.

Au reste, ce sont des doutes que je soumets volontiers au jugement d'un sçavant, que je me ferois un devoir de consulter sur ces sortes de matières.

### Seconde Lettre (*inédite*) aux mêmes.

Je devois croire que tous les doutes formés sur le mot ΑΙΘΩΝ de la médaille de *Cydonia* que j'avois publiée étoient levés par ma lettre insérée dans votre journal du mois d'avril 1775.

M. de Villoison, qui se trouvoit intéressé dans cette grande affaire, est néanmoins revenu à la charge, et sans me refuser tout-à-fait gain de cause pour le fond, il est fort éloigné de me l'accorder pour la forme. Il veut bien qu'ΑΙΘΩΝ soit un nom propre ou de magistrat et non une épithète de Minerve, ce qui étoit le point de la question entre M. Dutens et moi ; mais, comme j'avois objecté qu'il auroit fallu ἄθουσα au lieu d'ἄθων, si on avoit voulu faire de ce mot une épithète de Minerve, alors M. de Villoison a cru l'honneur de la grammaire grecque violemment outragé, et c'est pour le venger qu'il vous a adressé cette lettre qui se trouve dans votre journal, mois de janvier 1776.

C'est ainsi que chacun s'occupe de ce qui le touche le plus : M. Dutens s'inquiette peu que les règles de la syntaxe soient observées ici, pourvu qu'on lui accorde qu'ΑΙΘΩΝ est une épithète de Minerve ; et M. de Villoison m'abandonnera tout le reste, s'il peut prouver que je me sois trompé dans la construction d'un participe grec. Pour moi, qui suis intéressé à ma manière, je serois bien aise de n'avoir tort vis-à-vis de personne.

Tous les exemples apportés pour prouver que dans les participes en ων les Attiques mettent le masculin pour le féminin, sont tirés des

poëtes et ce sont des duels. Or, les exemples des poëtes n'ont nulle
autorité pour le langage prosaïque, et encore moins pour celui des
médailles qui, faites aussi pour le peuple, parlent toujours le langage
le plus communément reçu. De plus, les duels ont dans tous les dialectes des exceptions qui ne s'étendent pas aux autres nombres. On
voit des nominatifs duels mis pour des pluriels; on en voit avec le
verbe au pluriel. Le féminin des duels est très-rarement employé; souvent le masculin en tient lieu; tout cela se voit dans Homère.

Le censeur ne cite qu'un seul exemple d'un participe en ὤν mis au
masculin pour le féminin αἴθουσα, c'est celui de Pindare, αἴτων ἀλωπήξ;
à quoi je réponds non-seulement qu'un exemple poëtique ne conclut
rien ici; mais encore qu'il est fort vraisemblable que Pindare a cru
pouvoir donner le masculin à ἀλωπήξ, nom épicène qui signifie le mâle
et la femelle, comme ὁ καὶ ἡ κύων, un chien et une chienne; d'autant
plus que la terminaison ηξ n'y répugne pas.

Mais une raison péremptoire, c'est qu'en admettant dans notre médaille αἴθων attique pour αἴθουσα avec Κυδωνιατᾶν dorique, qu'on parloit
en Crète, pour Κυδωνιατῶν, il y aura un mélange inconciliable de deux
dialectes en deux mots, sur la même médaille, ce qui est absurde. Ces
raisons jointes à tant d'autres, telles que l'épithète insolite sans expri-
mer le nom de Minerve; la ressemblance de ce mot mis sur la médaille à
la même place où se trouvent, sur d'autres de *Cydonia*, d'autres noms
qui sont certainement des noms propres; les exemples pareils qui
sont innombrables, tout cela prouve invinciblement qu'ΑΙΘΩΝ ici est
un nom de magistrat, et il est étonnant que cela soit mis en question.

Une chose bien remarquable, c'est qu'Αἴθων étoit un nom propre
usité en Crète : on en trouve la preuve au 19ᵉ livre de l'Odyssée, vers
183. Ulysse, dans le récit qu'il fait à Pénélope de ses aventures, lorsqu'il ne veut pas encore se faire connoître, feint qu'il est Crétois de
la ville de Gnosse et qu'il se nomme Αἴθων :

Ἐμοί δ'ὄνομα κλυτὸν Αἴθων.

Toute l'importance qu'on a voulu mettre à cette question se réduit à une logomachie. J'avois publié la médaille de *Cydonia* avec plusieurs autres qui avoient rapport soit à la géographie, soit à la chronologie, à l'histoire, à la mythologie, etc., et ces objets méritent sans doute l'attention des gens de lettres. Je n'aurois pas soupçonné qu'un nom de magistrat, dont j'ai parlé en passant, dût faire tant de bruit. Quoi qu'il en soit voici mon dernier mot, car je suis bien déterminé à ne point revenir sur des discussions inutiles qu'il faut laisser à de stériles grammairiens. Je n'aurois pas même eu l'honneur de vous écrire cette lettre, si je n'avois eu dessein d'y placer la réflexion d'un homme sensé qui avoit lu celle de M. de Villoison. Est-ce que les gens de lettres, a-t-il dit, ne peuvent parler les uns des autres dans leurs écrits qu'en s'accablant d'injures atroces ou en se faisant de fades compliments? En effet quelque précieuse que l'amitié de M. de Villoison puisse être pour moi, que cela importe-t-il au public, ainsi que les compliments qu'il a bien voulu me faire, tout en combattant mon sentiment?

On ne s'attendoit guère non plus à voir figurer M. Larcher dans cette réponse, à moins que M. de Villoison n'ait voulu chercher le moyen de lui rendre les compliments qu'il en avoit reçus à l'occasion d'un passage grec qu'ils avoient restitué en commun ( Mémoire sur la déesse Vénus, pag. 281). M. Larcher a eu la générosité d'en attribuer la gloire à M. de Villoison, en se réservant seulement ἐπ'αὐτῷ; et je ne crois pas qu'il y ait personne d'assez injuste pour le lui contester. En général tous ces éloges sont insipides pour le public, qui souvent les croit mendiés; et ils rappellent au moins le commencement de la scène de M. Trissotin.

Il résulte de ceci que c'étoit avec raison que j'avois dit d'abord qu'ΑΙΘΩΝ sur la médaille de Cydonia étoit un nom de magistrat; et que pour prouver que ce mot ne pouvoit être une épithète de Minerve, je n'avois pas tort de dire qu'il faudroit qu'il y eût eu αἴθουσα. C'est ce dont M. de Villoison doit maintenant convenir, tous compliments à part.

# NOUVELLES REMARQUES DE M. PELLERIN

SUR L'OUVRAGE DE M. ECKHEL.

Voyez Additions aux neuf volumes de Recueils de Médailles, etc., pag. 68 et suiv.

Pag. 3. Massilia. Médaille de bronze sur laquelle Diane est représentée avec un cerf à ses côtés. Cette médaille m'étoit inconnue.

Pag. 3. Autre médaille attribuée à Marc-Antonin, frappée à Vienne ou à Valence. Elle me manque.

Pag. 4. Médaille sur laquelle il y a d'un côté ΤΟΥΤΟΒΟCΙΟ, et de l'autre ΑΤΕΡΙΛΟΣ. Ses observations sur cette médaille gauloise méritent attention. Elle me manque.

Pag. 5. Il rapporte plusieurs médailles qu'il attribue à la ville de Rimini, dont il parle fort au long.

Pag. 10. Populonium. Toutes les médailles de cette ville, ici rapportées, sont rares et curieuses. Je n'en connois aucune dans ce pays-ci. Toutes les observations que l'auteur a faites sur ces médailles méritent d'être lues.

Pag. 18. Campania. Cette médaille est rare et curieuse. Jusqu'à présent je n'en avois pas encore vu avec un taureau à face humaine. C'est une addition à faire à toutes celles que le docteur Ignarra a publiées avec un pareil type.

Pag. 19. Capua. J'ai la médaille avec la légende ΚΑΜΠΑΝΩΝ dont le P. Panel a parlé. Je l'attribue aussi à la ville de Capoue.

Pag. 20. Acerra. Toutes ses observations sur les médailles de cette ville sont très-bonnes.

Pag. 22. Je me dispense de faire aucunes remarques sur les médailles de la ville de Nuceria, et sur beaucoup d'autres suivantes, dont on ne peut qu'approuver les explications de l'auteur.

Pag. 25. Observations sur des caractères étrusques qui se trouvent sur plusieurs médailles.

Pag. 35. Médaille d'or représentant la chouette avec les lettres ΣΩ, attribuée à Tarente et non pas à Athènes.

Pag. 62. Médaille d'argent de Lysimaque avec un nom de Magistrat et celui de la ville de Chalcédoine, en Bythinie. Médaille très-curieuse si elle est véritablement antique.

Pag. 70. Il prétend qu'une des médailles que j'ai attribuées aux Locriens, et que j'ai rapportée parmi celles de ce peuple, tom. I, p. 98, est d'Uranopolis.

J'avois déjà fait cette remarque-là sur mon exemplaire imprimé.

Pag. 75. La ville de Magnésie étoit voisine du fleuve Léthé : cependant le fleuve Méandre est représenté sur les médailles d'Alexandre frappées en cette ville; de même que sur la médaille de Germanicopolis, en Paphlagonie, pag. 170, sur laquelle il y a la légende ΞΑΝΘΟϹ, quoique le fleuve Xanthus ne fût point dans cette province.

Pag. 82. Il juge que, malgré ce qu'il avoit dit sur les lieux où les médailles d'Alexandre le Grand ont été frappées, il n'y en a aucune qui soit sûrement des villes de la Grèce européenne; et il pense qu'elles ont toutes été frappées en Asie et en Syrie, dans des villes qui n'étoient pas fort éloignées de la mer. Il rapporte aussi plusieurs médailles d'Alexandre qui, par les symboles qu'elles ont au revers, et par les lettres qu'on voit dans le champ, sont, en partie, d'autres villes que celles auxquelles je les ai attribuées.

Pag. 85. Il rapporte une médaille de la ville d'Atrax, en Thessalie.

Pag. 86. Il donne une médaille de la ville de Phérée, en Thessalie.

Pag. 89. Il suppose que sur le mont Othrys, en Thessalie, il y avoit une ville, quoiqu'aucun auteur n'en fasse mention.

Note qui doit se rapporter à ce qui a été dit ci-devant sur la médaille de Cythéron. *Additions aux neuf volumes, etc., pag. 68.*

Pag. 95. Les Apolloniates avoient changé leur dialecte dorien en ionien, parce que les peuples qui étoient avant eux dans l'île étoient Ioniens d'origine.

Pag. 95. Il rapporte une médaille sur laquelle il prétend qu'on doit lire ΔΑΟΡΣΩΝ, et place cette ville en Illyrie. Il prétend même qu'elle représente le roi Gentius, dont il a fait graver de nouveau la médaille, publiée par le P. Froelich.

Pag.

Pag. 100. Horreum. Il attribue à cette ville, en Épire, la médaille que j'ai rapportée tom. 3, pag. 109, avec la légende OPPE...

Pag. 102. Médaille de la ville d'Orycus, sur les confins de l'Illyrie et de l'Épire.

Pag. 105. Lanassa, fille d'Agathoclès, apporta en mariage à Pyrrhus l'île de Corcyre dont son père s'étoit emparé. Il donne la généalogie des rois d'Épire.

Pag. 105. Corcyre. Il rapporte une médaille de Corcyre avec les lettres ΚΟΡ d'un côté et ΑΡ au revers avec une vache qui allaite un veau, au dessous d'un vaisseau : de l'autre côté, un carré divisé en quatre portions, et dans le champ une houlette. Il marque que j'en ai donné une pareille, sur laquelle il n'y a que la lettre Κ au lieu de ΚΟΡ, et qui n'a pas tous les attributs de la sienne.

Pag. 108. Il donne une explication qui paroît très-bonne sur le mot ΑΓΓΕΛΟ de la médaille de Corcyre, qui a pour type un Jupiter assis tenant de la main droite une haste, et de l'autre côté un vase à deux anses. Sur d'autres médailles le même mot ΑΓΓΕΛΟ se trouve avec une figure qui tient un serpent dans la main droite.

Pag. 109. Il y a tout lieu de croire que sur la médaille où il a cru voir ΑΝΑΚΤΟΡΙΩΝ, mais en caractères à demi effacés, c'est un simple nom de magistrat, comme il y en a sur d'autres pareilles médailles des Acarnaniens.

Pag. 112. Il donne trois médailles d'or frappées en Étolie avec la légende ΑΙΘΩΛΩΝ.

Pag. 113. Il attribue à Mycalessus, en Béotie, une médaille d'argent qui a d'un côté les lettres ΜΥ avec un foudre, et au revers un bouclier béotien. Il est très douteux que ces deux lettres désignent le nom d'une ville.

Pag. 114. Médaille d'argent de la ville de Thespie, en Béotie, sur laquelle il y a pour type deux croissants.

Pag. 118. Ces trois médailles singulières me paroissent très-suspectes par plusieurs raisons.

Jamais le mot ΟΒΟΛΟΣ ne peut avoir été écrit OBEΛIN; la troisième

lettre qui est un E ne pouvant être écrite par un O, ni la cinquième I
pour un autre O. Si c'étoit une demi-obole il devroit y avoir ΗΜΙΩΒΟΛΟΝ
ou ΗΜΙΩΒΟΛΙΩΝ, ou plutôt ΗΜΙΣΥΟΒΟΛΙΩΝ.

Il faut aussi observer que l'explication donnée par le P. Khell au type
de la seconde médaille diffère beaucoup des attributs qu'il lui donne.
La figure de femme qui y est représentée n'étant nullement dans l'attitude où elle devroit être pour prendre et caresser l'oiseau qu'elle a
devant elle; au lieu d'être courbée, elle est debout et semble regarder
plutôt en haut, et l'oiseau qui est devant elle, qu'il avoit cru d'abord
être une oye, est d'une taille infiniment plus grande que celle qu'il dit
devoir être d'une colombe, en laquelle il prétend, suivant la fable, que
Jupiter s'étoit transformé pour jouir d'une jeune fille nommée Phtia.

D'ailleurs, cette médaille, par rapport à sa fabrique et à l'irrégularité
du type, et à la seconde partie de la légende ΒΕΛΙΝ, ressemble beaucoup
aux médailles nombreuses d'Angleterre, sur lesquelles on lit ΚΥΝΟΒΕΛΙΝ:
d'où l'on peut induire que quelque faussaire, pour tromper les curieux,
auroit fait de ΚΥΝΟΒΕΛΙΝ ΗΜΙΟΒΕΛΙΝ, et sur le revers, substitué le mot
ΑΙΓΙΕΩΝ à celui de ΤΑΣCIO.

Toutes les premières monnoyes qui ont été frappées en Angleterre
avec ces deux légendes ont été rassemblées par Thomas Pegge, dans
un in-4° imprimé à Londres, en 1766, avec des explications étranges
en plusieurs points, et bien différentes de celles qui en ont été données
par un grand nombre de sçavants anglois, qui se sont occupés de ces
sortes de médailles.

Pag. 121. Il cite toutes les colonies de Corinthe qui ont frappé des
monnoies en l'honneur de leur métropole, avec le même type du
Pégase.

Pag. 122. Alyzia. Ville dans l'Anactorie, avec la tête de Minerve et
le type du Pégase.

Pag. 128. Corinthus. Il y a eu bien d'autres colonies qui n'ont observé aucune déférence pour leur mere-patrie.

Pag. 129. Il prétend que la médaille sur laquelle j'ai lu ΕΛΕΙΔΙΩΝ
n'est point de l'Élide, et qu'il vaut mieux lire ΜΕΛΙΤΑΙΩΝ.

Pag. 130. Médaille de Zacynthus. Je ne sais s'il y a eu d'autres médailles de cette ville, que celle qu'il rapporte.

Pag. 131. AKAIΩN KOPΩNAIΩN. Médaille de bronze qui contient ces deux noms.

Pag. 133. Il en a pourtant été frappé une pour Macrin, dans le Péloponèse. Je l'ai.

Pag. 138. Arcadia. Cet instrument à tuyaux égaux semble prouver que ce n'est point une *fistula campestris*, et que c'est une *cysta mystica*. Rec. de peup. et vil., tom. I, pag. 133.

Pag. 140. Pheneos, dans le Péloponèse. Médaille de cette ville.

Pag. 144. Arsinoë. Il attribue à une ville Arsinoë, en Crète, une médaille qui a pour légende APΣI.

Pag. 148. Il réfute l'explication que M. l'abbé Le Blond, *Observations, pag. 17*, a donnée de médailles qui représentent un homme nud, qui tend un arc à la lueur d'un flambeau, ayant devant lui un chien qui paroît en témoigner de la joye. Il ne parle point du chien qui se trouve sur cette médaille, attribut du chasseur qui prépare son arc pour aller à la chasse de bon matin. Cette explication est confirmée par l'endroit même de l'auteur, pag. 147, où il dit que les Crétois étoient fort adonnés à la chasse : *seu ad venatus, seu belli usum*.

Pag. 149. Il prétend que j'ai mal expliqué une médaille de Gortyne sur laquelle est représentée une femme, qu'il dit être assise sous un platane.

Pag. 152. Il donne à la médaille de Cydonia semblable à celle d'Athènes une explication très-étendue et différente de celle de M. l'abbé Le Blond.

Pag. 152. Lyssus. Il rapporte une médaille d'argent de Lyssus, en Crète.

Pag. 155. Il estime que la médaille qui a pour légende ΦA avec le type du trident, peut être plutôt de la ville de Phalasarne que de la ville de Phæstus.

Pag. 155. Il rapporte deux médailles de Rythymna, qui ont pour légendes, l'une PIΘY, et l'autre PI.

Pag. 156. Sybritia, en Crète. Depuis quelques années, j'ai acquis un beau médaillon d'argent de cette ville.

Pag. 160. Carystus. Il rapporte deux médailles de cette ville d'Eubée.

Pag. 168. Il rapporte une médaille d'or de Pharnace I$^{er}$, roi de Pont, en grand module.

Pag. 169. Médaille ordinaire en or de Mithridate Eupator.

Pag. 170. ET. CΔI. Ces nombres paroissent être des caractères numériques transposés. Le Δ et l'I ont été dérangés, et il devroit y avoir. IΔ.

Pag. 174. Il prétend que les médailles d'or d'Amisus, sur lesquelles on voit une figure debout, avec une épée recourbée à la main droite, une tête à la main gauche et un cadavre étendu à ses pieds, représentent Persée qui vient de couper la tête de Méduse. À cette occasion, il rapporte une médaille de Caracalla, frappée à Sébaste, que j'ai donnée, Peup. et Vil. tom. III, pag. 255; sur laquelle un homme nud debout tient d'une main une épée et de l'autre les cheveux d'une figure à demi couchée (cette figure n'est point celle d'une femme, mais bien distinctement celle d'un homme) et est accompagné de Pallas, qui tient d'une main un bouclier sur lequel il jette les yeux. Laquelle médaille représente aussi Persée qui coupe la tête de Méduse.

Il rapporte, pag. 175 et 176, ce que les auteurs ont dit de l'origine de Persée et de celle des peuples Perses, qui étoient ainsi appelés de son nom, et qui dans la suite s'emparèrent de toutes les provinces d'Asie situées sur le bord du Pont-Euxin.

Pag. 181. Il rapporte une médaille de la ville de Métroum en Bithynie.

Pag. 186. Observations sur la signification du mot ΠΑΤΡΩΝ, qui se trouve sur les médailles grecques.

Pag. 189. Médaille de Barbia Orbiana frappée dans la ville de Pruse, au pied du mont Olympe.

Pag. 192. Il rapporte une médaille de la reine Oradaltis, qui a pour légende d'un côté ΩΡΑΔΑΛΤΙΔΩΣ. ΒΑΣΙΛΕΩΣ. ΛΥΚΟΜΗΔΟΥ ΘΥΓΑΤΡΟΣ et au revers ΠΡΟΥΣΙΕΩΝ. ΠΡΟΣ ΘΑΛΑΣΣΗ.

Pag. 193. Médaille de la reine Musa, différente par son type et par la légende... ΜΟΥΣΗΣ. ΟΡΣΟΒΑΡΙΟΣ de celle de M. Maffei, sur laquelle on lit ΟΡΣΟΒΑΡΙΟΥ.

Pag. 199. Médaille d'or de la ville de Parium, en Mysie. M. Dutens a publié aussi une médaille d'argent de cette ville.

Pag. 210. Tout ce qu'il dit dans cet article mérite attention. Il y a déjà du temps que je m'étois aperçu de la méprise que j'avois faite en rejetant le témoignage du P. Hardouin, sur ce qu'il donne le nom d'Inde à la Carie, et j'en avois fait une note sur mon exemplaire, à l'endroit où j'en ai parlé.

Pag. 215. Tripolis. Médaille de Caius César, frappée à Tripoli, en Carie.

Pag. 216. Rhodus. Médaille d'or de cette île.

Pag. 218. Podalia, en Lycie. Médaille de Tranquilline frappée en cette ville.

Pag. 219. Aspendus. Tout ce long article mérite d'être lu avec attention, pour toutes les différentes parties qu'il contient.

Pag. 224. Médaille de bas or, de la ville de Sidé, en Pamphylie.

Pag. 226 et 227. Médaille de Césarée *ad Anazarbum*. Il y traite des époques qui y sont marquées avec les difficultés qu'elles présentent.

Pag. 228. Médaille d'Épiphanée, en Cilicie, avec la légende ΤΡΑΙΑΝΟ-ΠΟ. ΕΠΙΦΑΝΕΩΝ.

Pag. 229. Hamaxia. Médaille de cette ville, en Cilicie.

Pag. 230. Médaille de Séléucie, en Cilicie, avec la tête de Gordien III.

Il prétend, pag. 232, qu'on doit lire ΚΑΛΥΚΑΔ au lieu de ΚΑΛΥΔΙΟ-πολις sur celle que Vaillant a rapportée.

Pag. 233. Il rapporte une médaille de Nagidus en Chypre.

Pag. 238. Il rapporte un médaillon d'argent de Nicoclès, roi de Paphos, en Chypre.

Pag. 242. Amorium, ville de Phrygie. Il donne une médaille de cette ville.

Pag. 246. Ceretape. Médaille autonome de cette ville, en Phrygie.

Pag. 251. Il dit que M. de Boze a attribué mal à propos à Laodicée de Syrie des médailles qui sont de Laodicée de Phrygie, et il a raison. J'avois déjà fait cette observation, Mel., tom. I, pag. 67 et 68.

Pag. 252. La ville de Laodicée étoit de la province de Phrygie avant Marc-Aurèle, et dès son règne, ou peu de temps après, elle fut attri-

buée à la Carie. Ainsi Ptolémée, qui vivoit vers le même temps, et
Philostrate, qui a écrit sous Sévère et les empereurs suivants, ont eu
raison d'en faire une ville de Carie.

Pag. 252. Laodicée. Les villes qui portoient le même nom se dis-
tinguoient la plupart sur leurs monnoies en y marquant leur position,
soit sur les fleuves de la province où elles étoient situées, soit en y
mettant d'autres marques distinctives, qu'elles varioient suivant les circonstances. Quand Laodicée étoit de la province de Phrygie ou de Lydie
on l'a nommée *ad Lycum*. Il faut observer que, par succession de temps,
cette ville devint très-considérable, et que les Proconsuls romains y
tenoient leur *forum*, et que par conséquent les consommations de nécessité et de luxe s'y introduisirent. Comme elle étoit située à peu de
distance du Méandre, il n'y a pas lieu de douter qu'elle tiroit par ce
fleuve beaucoup de denrées et de marchandises étrangères. Vers le
temps de Marc-Aurèle, quand elle fût comprise dans la province de
Carie, elle en tira un très-grand avantage, parce qu'alors elle ne paya
plus les droits de transit pour les marchandises qu'elle tiroit de Carie et
d'autres pays étrangers par le Méandre. Ces différentes considérations
durent naturellement l'engager à se renommer de ce fleuve, ce qu'elle
auroit pu même faire sans cela, comme beaucoup d'autres villes, qui
se réclamoient de fleuves qui passoient dans des contrées dont elles
étoient éloignées. Elle ne pouvoit pas tirer les mêmes avantages du fleuve
Lycus, lequel s'engloutissoit sous terre, avant d'arriver au Méandre.

On pourroit peut-être trouver, par les cartes et par les relations des
voyageurs, la distance précise qu'il y avoit entre Laodicée et le Méandre.
Peut-être que la ville de Magnésie n'en étoit pas moins éloignée.

Vaillant, au titre FLVVII Urbium, rappporte une médaille sur laquelle on lit : ΑΠΑΜΕΙΑΣ ΠΡΟΣ ΜΑΙΑΝΔΡΟΝ; quoique Apamée fût éloignée du Méandre, et que le fleuve Marsyas baignât les murs de cette ville.

Pag. 255. Les médailles sur lesquelles on voit le nom d'un homme
avec celui de son père et de son grand-père, désignent que celui au
nom duquel la médaille a été frappée tiroit son illustration plus de son
grand-père que de son père.

Pag. 260. Il en vient à l'explication des lettres qui forment la légende du revers de la médaille de Caracalla, qui sont ΤΠΗ, et il prétend que ces trois lettres, qui sont dans le champ, ΤΠ et Μ figuré comme un Η sur les médailles de moyen bronze, sont des lettres numérales et forment la date 388. Mais il n'est pas du même avis que Vaillant sur l'origine de l'ère qu'il attribue à Laodicée, et il en propose une autre qui ne vaut pas mieux, mais qu'il n'est point ici question de discuter, parce que ces trois lettres ne sont point numérales; mais, chacune en particulier, la lettre initiale d'un mot; savoir, le Τ pour Τῶν, le Π pour Προς, et le Μ pour Μαιανδρου : de sorte qu'elles signifient en tout, que la ville de Laodicée étoit située proche du Méandre. Il prétend que c'est mal à propos qu'on explique ainsi ces trois lettres. Sur ce que j'ai marqué qu'il y avoit au-dessus du Τ un globule dans toutes les médailles, petites et grandes, qu'on connoît de cette ville, il dit que cela marquoit peut-être que la lettre étoit numérale; mais il n'a pas fait attention que si ce globule sur le Τ désignoit une lettre numérale, il auroit dû être sur le Π et sur le Μ figuré comme Η; ce qui n'est sur aucune de ces médailles.

Il faut remarquer qu'il y a bien de la différence entre les lettres majuscules qui sont sur des médailles de grand bronze, et les petites majuscules qui sont sur des médailles de moyen et de petit bronze, où un graveur peut former aisément un Μ comme un Η, ce qui ne peut arriver quand il forme de grandes majuscules sur des médailles de grand bronze.

Vaillant, dans sa table *de Notis græcorum Numismatum*, marque que la lettre Τ seule, se trouve sur des médailles pour Τῶν.

Il ne faut pas oublier que M. Wise, qui a rapporté et décrit une pareille médaille, n'a point trouvé qu'elle marquât sûrement une époque, et qu'il a laissé les trois lettres sans explication.

Pag. 262. On a cy-devant regardé comme une chose sûre que toutes les villes de Lydie, de Phrygie et de Carie ne comptoient leurs années que par les noms de magistrats Eponymes, et n'avoient point d'ère particulière. L'exception que M. l'abbé Belley fait de la ville d'Hyrgalée, n'a pas été adoptée par tous les antiquaires, qui ne trouvent pas de certitude dans tout ce qu'il dit, ni sur le nom propre de la ville, ni sur le lieu où elle étoit située.

Pag. 263. Il rapporte deux médailles de la ville de Pelta, en Phrygie.

Pag. 265. Philomelium en Phrygie. Il rapporte une médaille de cette ville.

Pag. 265. Aureliopolis, en Lydie. Médaille autonome de cette ville.

Pag. 266. Mostene, en Lydie. Médaille de cette ville.

Pag. 267. Médaille sur laquelle les noms des villes de Thyatira, en Lydie, et Smirne, en Ionie, se trouvent joints avec le mot BOPEITHNH.

Pag. 269. Autre médaille de Thyatira, ayant au revers, pour légende, le nom de la ville, le nom d'un magistrat, et un type singulier, qui mérite d'être remarqué.

Pag. 271. Médaille d'Iconium, en Lycaonie, sur le revers de laquelle est représenté un homme nud, tenant de la droite une épée et de la gauche une tête coupée. Type dont il donne l'explication.

Pag. 277. Médaille singulière de la ville de Gerase, en Syrie.

Pag. 277. Seleucus Ier Nicator. J'ai donné une médaille d'or de Lysimaque avec le même type.

Pag. 285. Laodicea Syriæ. Il réfère à la ville de Laodicée de Phrygie le médaillon de Caracalla du cabinet de la reine Christine, qui avoit été cité par Vaillant, et attribué mal à propos à la ville de Laodicée de Syrie.

Pag. 288. Il dit que la médaille qui a pour légende ΙΟΥΛΙΑ ne contient point un nom de ville, mais celui de Julie, mère de Tibère.

Pag. 290. Il donne deux médailles d'or d'Arsinoë, sœur et femme de Philadelphe, dont l'une a au revers la lettre π et la figure E, et l'autre les lettres L. B., et dans le champ la lettre π.

Pag. 300. Nomus Phthenebtes. Médaille de ce nome avec la tête d'Hadrien et la légende ΦΘΕΝΕΟΥ. L. IX. de petit bronze.

FIN.

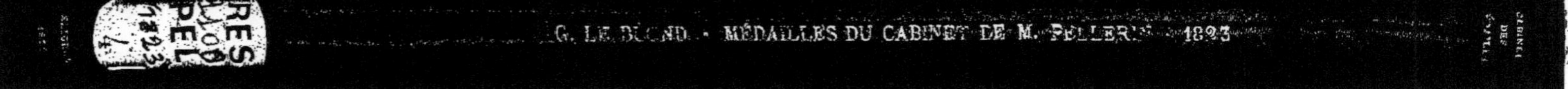
RES
1100
PEL
1823
4
G. LE BLOND - MÉDAILLES DU CABINET DE M. PELLERIN - 1823
CABINET
DES
ESTAMPES

9 782014 437096